Norvel Hayes

Erfolgreich leben

Aufbruch-Verlag

Sofern nicht anders vermerkt, werden Schriftstellen aus der Revidierten Elberfelder Bibel, © R. Brockhaus Verlag Wuppertal zitiert.

Übersetzung aus dem Englischen: Gemeinde auf dem Weg

Titel der Originalausgabe: How to Live and Not Die

Herausgeber der Originalausgabe: Harrison House, Inc.
P.O. Box 35035
Tulsa, Oklahoma 74153

1. Auflage 1994
ISBN 3-926395-16-8
Umschlaggestaltung: Michael Stefanescu
Satz: Fotosatz Husemann, Helmstedt
Druck: Kupijai & Prochnow, Berlin

INHALT

Einleitung

Gott will nicht, daß du irgendeine Krankheit hast. Er will, daß du Seine wunderwirkende Kraft empfängst und völlig geheilt bist.

Mit diesem Buch tue ich durch die Kraft Gottes alles, damit jede Art von Krankheit in denen, die dieses Buch lesen, zunichte gemacht wird und gehen muß. Die hier dargestellten Gesetzmäßigkeiten treffen aber nicht nur auf Krankheit zu; sie lassen sich in jeder Problemsituation anwenden, sei sie finanzieller, emotionaler, sozialer, geistlicher oder physischer Art.

Denke darüber nach, was Gottes Wort für dich bewirken kann, während du das folgende Gebet liest.

Vater im Himmel, ich komme in Jesu Namen für den lieben Leser dieses Buches zu Dir. Jesus, Du weißt, daß nicht ich, sondern Du der Heiler bist. Ich habe keine heilende Kraft in mir, aber Du hast sie, und Du wohnst in mir. Ich beanspruche für jeden Leser dieses Buches Deine heilende und wunderwirkende Kraft, daß sie wie ein Strom aus diesem Buch in seinen Körper fließt und jede Krankheit zunichte macht und vertreibt.
In dem Namen Jesu binde ich dich, Satan, und ich befehle dir, diesen lieben Menschen, Gottes Eigentum, loszulassen. Ich erkläre, daß er frei von Krankheit ist. Er hat ein Recht auf Heilung, weil er von neuem geboren ist. Seine Heilung soll sichtbar werden in Jesu Namen. Danke, Herr, daß Du es tust.
Jesus, ich gebe Dir die Ehre und das Lob für alles, was geschieht, denn wir sind ein notleidendes Volk und wir brauchen Dich. Aus uns selbst heraus, ohne Deinen Namen, Jesus, und ohne den Heiligen Geist Gottes, sind wir nichts. Amen.

Kapitel 1

Gutes kommt von Gott zu dir

Du kannst Wunder erleben, und du kannst über Krankheit herrschen. Merke dir ein für alle Mal: alles Schlechte, das dir begegnet, ist vom Teufel - alles Schlechte! Es kommt aus der Hölle und nicht vom Himmel. Die Bibel sagt, daß alles Gute vom Vater der Lichter zu dir kommt.

Jakobus 1,17 Jede gute Gabe und jedes vollkommene Geschenk kommt von oben herab, von dem Vater der Lichter, bei dem keine Veränderung ist noch eines Wechsels Schatten.

Das heißt, daß Gott gute und vollkommene Geschenke vom Himmel zu dir herunter sendet. Bedrückung ist nie von Gott gekommen. Kein schwacher Tag und kein Augenblick der Niedergeschlagenheit ist je vom Himmel zu dir gekommen. Bei Gott gibt es keine Niederlage und keine Krankheit. Im Himmel gibt es keinen Schmerz.

Ich war schon zweimal im Himmel, und ich kann es kaum abwarten, endgültig dorthin zu kommen. Die Luft ist von Frieden erfüllt. Es gibt keine Krankheit im Himmel. Die Äpfel im Himmel haben keine Würmer und das Gras ist zehnmal so grün wie das auf der Erde. Wenn du meinst, daß die Blumen hier auf der Erde schön sind, dann will ich dir sagen, daß die Blumen im Himmel nie verwelken! Die Jahreszeiten im Himmel wechseln nicht. Es gibt kein Sterben, keinen Verfall und kein Leid. Es gibt nur Leben.

Alles im Himmel ist lebendig. Alles ist voller Leben, Kraft und Liebe. Du wirst ständig davon durchtränkt. Der Himmel ist keine verschwommene Wolke irgendwo im Weltall, auf der lauter kleine elfenhafte Geister herumschweben. Der Himmel existiert als realer Ort!

Wenn du im Himmel herumläufst, kannst du Flüsse, Küsten, Bäume und Häuser sehen. Du kannst sonntagmorgens kommen und Jesus predigen hören! Wenn du meinst, du hörst jetzt gute Predigten, dann warte erst einmal ab, bis du in den Himmel kommst. Ehre sei Gott!

Im Augenblick aber freue ich mich über das Gute vom Himmel, das wir in diesem Leben genießen können. Gute Gaben, vollkommene Geschenke kommen zu dir vom Himmel herab, vom Vater der Lichter.

Kapitel 2

Anbetung an erster Stelle

Erst wenn du Gott anbetest und ihn preist, hast du ein Recht darauf, Gott um Heilung oder um sonst etwas zu bitten. Wenn du das nicht weißt, kann es dich dein Leben kosten!
Wenn ich das sage, antworten manche Leute: "Aber, Bruder Norvel, ich liebe doch den Herrn." Das genügt nicht! Ein Rechtsgelehrter kam einmal zu Jesus und fragte ihn: "Lehrer, welches ist das größte Gebot in dem Gesetz?" Jesus antwortete:

Matthäus 22,37-38
37 Du sollst den Herrn, deinen Gott, lieben mit deinem ganzen Herzen und mit deiner ganzen Seele und mit deinem ganzen Verstand.
38 Dies ist das größte und das erste Gebot.

Jesus meinte damit, daß wir keine anderen Götter außer ihm haben sollen. Er muß die Nummer eins in deinem Leben sein, und wenn du den Herrn anbetest, dann hast du Ihn zur Nummer eins in deinem Leben gemacht. Du darfst deine Gemeinde nicht mehr lieben als Gott. Weder deine Familie, deine Arbeit, noch dein Geld darfst du mehr lieben als Gott, denn wenn du das tust, geht es dir schlecht.
Lerne Gott an die erste Stelle zu setzen und Ihn anzubeten, dann kannst du Ihn um alles bitten und Er wird dir geben, worum du Ihn bittest.
Der Teufel kann unter anderem deshalb so vielen Gemeindemitgliedern Probleme bereiten, weil sie Jesus nicht anbeten. Du mußt Gott auch für dich zuhause anbeten. Einfach nur ein paar Lieder in der Gemeinde zu singen, ist keine Anbetung. Das ehrt Gott nicht. Wenn du nur deshalb in den Gottesdienst gehst, ist es ein Wunder, daß du überhaupt hingehst. Eines Tages wirst du den Weg dorthin nicht mehr finden, weil die Angriffe des Teufels zu stark für dich werden.

Wußtest du schon, daß der Teufel jeden Sonntag zum Gottesdienst geht? Jawohl. Er singt mit und er ist dabei, wenn du den Kindergottesdienst leitest. Er setzt sich neben dich, wenn du Krebs hast, klopft dir auf die Schulter und wird dir dann sagen: "Du bist ein tadelloser Christ - verändere dich nicht. Du wirst wohl sterben müssen."
Aber wenn du die Prioritäten richtig setzt, kann dich der Teufel nicht umbringen. Er hat keine Macht, dich zu töten, wenn du Gott anbetest.

Du kannst Gott kennen, Kraft haben, und trotzdem verlieren

Vielleicht bist du schon zwanzig Jahre lang Christ und kennst Gott sehr gut. Aber denke daran: Auch der Teufel kennt Gott sehr gut.

> **Hesekiel 28,13-15**
> **13 Du warst in Eden, dem Garten Gottes; aus Edelsteinen jeder Art war deine Decke: Karneol, Topas und Jaspis, Türkis, Onyx und Jade, Saphir, Rubin und Smaragd; und Arbeit in Gold waren deine Ohrringe und deine Perlen an dir; am Tag, als du geschaffen wurdest, wurden sie bereitet.**
> **14 Du warst ein mit ausgebreiteten Flügeln schirmender Cherub, und ich hatte dich dazu gemacht; du warst auf Gottes heiligem Berg, mitten unter feurigen Steinen gingst du einher.**
> **15 Vollkommen warst du in deinen Wegen von dem Tag an, als du geschaffen wurdest, bis sich Unrecht an dir fand.**

Der Teufel hatte sogar sehr viel Kraft. Er ging auf den heiligen Berg Gottes und spazierte mitten unter den feurigen Steinen auf und ab.
Welche Missetat hatte den Fall des gesalbten Cherubs Luzifer vom Himmel bewirkt?

> **Jesaja 14,12**
> **Wie bist du vom Himmel gefallen, du Glanzstern, Sohn der Morgenröte! Wie bist du zu Boden geschmettert, Überwältiger der Nationen!**

Der Teufel hatte begonnen eigene Wege zu gehen - zu tun, was er wollte - und das brachte ihn zu Fall.

Jesaja 14,13-14
13 Und du, du sagtest in deinem Herzen: "Zum Himmel will ich hinaufsteigen, hoch über den Sternen Gottes meinen Thron aufrichten und mich niedersetzen auf den Versammlungsberg im äußersten Norden.
14 Ich will hinaufsteigen auf Wolkenhöhen, dem Höchsten mich gleich machen."

So wie der Teufel gefallen ist, kannst auch du fallen. Wie? Du kannst zwanzig Jahre lang der beste Christ sein und Tausende für Gott gewinnen, aber wenn du dich ein wenig von Matthäus, Markus, Lukas und Johannes abwendest und anfängst eigene Wege zu gehen, dann fällst du genau so, wie der Teufel. Du kannst eine Gemeinde mit fünftausend Mitgliedern gründen und hunderttausend Menschen zu Jesus führen und zwanzig Jahre deines Lebens stark sein, aber wenn du satt und selbstzufrieden wirst und anfängst zu tun, was du für richtig hältst, anstatt das, was Gott dir sagt, dann war's das!
Auch wenn Gott dich zum Predigen berufen hat, mußt du aufpassen. Predige nicht soviel, daß es dich hinwegschwemmt und du eines Tages bemerkst, daß du zuhause mit deiner Familie schon seit vier oder fünf Wochen Gott nicht mehr gemeinsam angebetet hast!

Man kann schwach werden und seine Vision verlieren

Pastoren und Leitern kann das leicht passieren. Jeder muß auf sich selbst aufpassen. Du kannst es dir nicht leisten, auf deine persönliche Anbetungszeit zu Hause zu verzichten. Sobald du damit aufhörst, geht es nur noch bergab, dann magst du nicht einmal mehr Traktate verteilen.
Wie meinst du das: "Du magst nicht mal mehr Traktate verteilen? Das tue ich ja jetzt auch nicht." Kein Wunder, daß Gott dich dieses Buch lesen läßt!

Wenn du nicht aufpaßt, wirst du schwach und verlierst deine Vision für die Menschen in deiner Umgebung, die sterben und in die Hölle kommen, wenn sie nicht gerettet werden. Du verlierst deine Vision für sterbenskranke Krebspatienten, die geheilt werden sollen und denen niemand hilft. Du kannst diesen Menschen nicht helfen, wenn du nicht weißt, wie. Manchmal weißt du, wie du ihnen helfen könntest, aber dann hast du nicht das Verlangen danach hinzugehen und es zu tun. Der Grund dafür ist, daß du deine Vision verloren hast, weil du nicht täglich den Herrn angebetet hast. Um dich herum sterben also Menschen, während du den Heiligen Geist direkt in dir hast. Vergiß nicht, was das Wort sagt:

Johannes 7,37-39
37 An dem letzten, dem großen Tag des Festes aber stand Jesus auf und rief und sprach: Wenn jemand dürstet, so komme er zu mir und trinke.
38 Wer an mich glaubt, aus dessen Leibe werden, wie die Schrift gesagt hat, Ströme lebendigen Wassers fließen.
39 Dies aber sagte er von dem Geist, den die empfangen sollten, die an ihn glaubten.

Er, der Geist, vermag Menschen zu retten, zu heilen und zu befreien, und Er wohnt in dir. Aber Er wird nicht viel für oder durch dich tun, wenn du Gott nicht anbetest, auch wenn du neun von zehn Geboten hältst, denn nur durch Anbetung wirst du ein erfülltes Leben haben.
Beachte, was Jesus zum Teufel gesagt hat:

Matthäus 4,10
Geh hinweg, Satan! Denn es steht geschrieben: "Du sollst den Herrn, deinen Gott, anbeten und ihm allein dienen."

Im folgenden Vers sehen wir, was dann geschah:

Matthäus 4,11
Dann verläßt ihn der Teufel, und siehe, Engel kamen herzu und dienten ihm.

Bist du ungehorsam gegenüber Gott, indem du Ihn nicht anbetest, hat der Teufel das Recht, zu dir nach Hause zu kommen und dich krebskrank zu machen. Ich warne dich, der Teufel hat das *Recht*, zu dir zu kommen und das mit dir zu machen, was er will, wenn du Gott nicht anbetest.
Sollte der Teufel aber in dein Haus kommen und sehen, wie du den Herrn täglich preist und Ihn anbetest, wird er nicht tun können, was er möchte. Er wird dich genauso verlassen, wie er Jesus verlassen hat.
Ich habe nicht gesagt, 'einmal in der Woche', sondern 'jeden Tag'. Willst du Gottes Gegenwart über deinem Haus und in jedem Raum erleben? Wünschst du dir schon beim Aufstehen, daß jeder Tag ein starker Tag wird? Gott wohnt im Lobpreis seines Volkes (Psalm 22,4). Indem du Gott preist, baust du Ihm eine Wohnstätte, einen Ort, wo Er bleiben kann.
Baust du Gott täglich eine Wohnstätte durch Lobpreis und Anbetung?
Anbetung und Lobpreis Gottes ist ein Lebensstil.

> **Philipper 4,4**
> **Freut euch im Herrn allezeit (jeden Tag)! Wiederum will ich sagen: Freut euch!**

Als sich Paulus auf seine Missionsreise zu den Korinthern vorbereitete, fragten sich diese, ob sie die Kraft Gottes hätten. Paulus schrieb ihnen, daß er nicht wisse, ob sie Kraft hätten oder nicht, aber er wolle kommen und es ihnen sagen, wenn er da wäre.

> **1. Korinther 4,19**
> **Ich werde aber bald zu euch kommen, wenn der Herr will, und werde nicht das Wort, sondern die Kraft der Aufgeblasenen kennenlernen.**

Mancheiner sagt, sie haben die Kraft Gottes, weil ihre Sonntagsgottesdienste gut sind. Du kannst herausfinden, ob jemand wirklich die Kraft Gottes hat, indem du eine Zeitlang mit ihm zusammenlebst und ihn jeden Tag beobachtest, dann wirst du

merken, wer nur die Form der Gottseligkeit hat (2.Timotheus 3,5).
Denn ob man Gottes Kraft hat, zeigt sich im täglichen Leben. Und die Kraft Gottes bekommst du, wenn du Gott täglich anbetest.
So beginnt man seinen Tag mit Anbetung: Hebe deine Hände hoch, während du noch im Bett liegst. Wenn du sie nicht sehr hoch heben kannst, dann hebe sie nur ein bißchen. Aber mache deinen Mund auf und sage: "Jesus, ich liebe Dich. Ich gehöre Dir und ich danke Dir, Herr, daß mein Name im Himmel geschrieben ist. Ich bete Dich an, Jesus. Du bist herrlich, Gott. Ich bete Dich an, Herr. Es gibt keine anderen Götter neben Dir, Jesus. Ich möchte Dir einfach danken, daß Du mein Retter und mein Heiler bist.
Danke, Jesus, für Deine göttliche, heilende Kraft. O wunderbarer Jesus, Deine Heilungskraft strömt jetzt durch meinen Körper und vertreibt jede Schwäche und jede Krankheit, in Jesu Namen. Keine Krankheit kann in meinem Körper bleiben. Ich gehöre Dir, Jesus, und ich bete Dich an."
Denke daran, die Prioritäten richtig zu setzen. Erst wenn du Gott angebetet und gepriesen hast - dann und nur dann - hast du das Recht, Ihn um etwas zu bitten.

Kapitel 3

Beten ist Gottes Wille

Nach dem Lobpreis und der Anbetung ergibt sich Gebet ganz von selbst. Der Himmel kommt nicht automatisch auf die Erde. Das ist noch nie so gewesen. Dazu ist Gebet nötig.
Gebet ist von Gott eingesetzt, damit ein Mensch himmlische Dinge ergreifen kann und sie dann auf der Erde geschehen sieht. Gottes Wille ist es, daß wir beten und nicht nur über die Dinge nachdenken und uns verwundern!
Es ist nicht die wichtigste Entscheidung deines Lebens, ob du studieren sollst oder nicht. Das kannst du ruhig tun; ich habe nichts dagegen gesagt, aber viel wichtiger ist es für dich, daß du beten lernst. Gebet hat unbegrenzte Möglichkeiten und wenn du lernst, zu beten und zu glauben, was du im Wort liest, dann kannst du alles bekommen, was du willst. Preis dem Herrn!
Als Saulus von Tarsus nach Damaskus unterwegs war, um Christen aus ihren Häusern zu zerren und sie ins Gefängnis zu werfen, stoppte Gott diese Verfolgung. Dann sagte Gott zu Ananias, daß er zu Saulus gehen solle.

> **Apostelgeschichte 9,11**
> **Denn siehe, er betet; und er hat im Gesicht einen Mann mit Namen Ananias gesehen, der hereinkam und ihm die Hände auflegte, damit er wieder sehend werde.**

Ananias wurde von Gott gesandt, weil Saulus betete. Gott hätte ihn nicht einfach so geschickt, dazu war Gebet nötig.
Die Gemeinden brauchen Leute, die drei oder vier Stunden vor dem Herrn liegen und beten. Das würde ihnen gut tun. Es sind nicht die Gottesdienstbesucher, die anhaltendes Gemeindewachstum und überfließende Liebe Gottes bringen, sondern die Menschen, die morgens kommen und am Altar zwei oder drei Stunden lang beten. Sie flehen und weinen, bis der Geist Gottes wie eine Welle über sie kommt und dann beten sie und beten und beten.

Nur durch diese Gebetskämpfer haben manche Gemeinden ein Gebäude oder erreichen überhaupt etwas. Beten lohnt sich. Wenn du sagst: "Ich habe keine Zeit, um mich morgens mit anderen zum Beten zu treffen.", dann mußt du weniger arbeiten und dir zwei, drei Stunden Zeit nehmen zum Beten! "Zwei oder drei Stunden? Ist das dein Ernst? Dazu habe ich keine Zeit." Dann mußt du dir Zeit nehmen, du Faulpelz. Vergiß nicht: Hochmut kommt vor dem Fall.
Ich kenne eine Gemeinde in Cleveland, deren Mitglieder von Stolz befreit sind. Sie gehen raus auf's Feld und beten eine Stunde lang, bevor der Gottesdienst beginnt. Wenn dann der Chor zu singen beginnt, kommt die Gegenwart Gottes. Die Sünder halten das nicht aus. Sie springen aus ihren Stühlen auf und rennen nach vorne. Sie werfen sich auf ihr Angesicht, rufen um Hilfe und flehen um Gnade. Durch das Gebet der Gemeindemitglieder kam der ganze Ablauf der Gottesdienste durcheinander, so daß der Pastor sechs Wochen lang nicht zum Predigen kam.
Wenn du betest, wird Gottes Gegenwart auch zu dir kommen. Bete eine Stunde vor Beginn des Gottesdienstes so, als ob es um dein Leben ginge und du wirst erleben, wie sich Gott schon kurz nach Beginn des Gottesdienstes, auch in deiner Gemeinde offenbart. Mach dir keine Sorgen, wenn der Heilige Geist einen Gottesdienst übernimmt, sondern lehn dich zurück und sei lieb. Laß Gott tun, was Er tun möchte.

2. Chronik 7,14
Wenn mein Volk, über das mein Name genannt ist, sich demütigt, daß sie beten und mein Angesicht suchen und sich von ihren bösen Wegen bekehren, so will ich vom Himmel her hören und ihre Sünde vergeben und ihr Land heilen.

Kapitel 4

Suche dir die passende Schriftstelle für deine Situation

Um im Glauben für irgendetwas zu beten, sei es für körperliche Heilung oder für ein finanzielles Wunder, mußt du wissen, was Gottes Wille ist. Danach kannst du Glauben entwickeln. Finde den Willen Gottes heraus, indem du die Bibel studierst und einen Vers findest, der auf deine Situation zutrifft. Zum Beispiel hat Jesus den Preis für unsere Erlösung und für unsere Heilung bezahlt:

1. Petrus 2,24
Durch dessen Striemen ihr geheilt worden seid.

'Worden seid' ist eine Vergangenheitsform und bedeutet, daß wir geheilt sind. Gott wird sich dir offenbaren und deine Krankheit wird verschwinden, sobald du aus dem Wort weißt, daß du geheilt bist. Diese Schriftstelle gilt für dich.
Viele warten darauf, daß der Herr eines Tages kommt und sie irgendwann heilt. Sie versuchen Gott dazu zu bringen, daß Er sie heilt. Der Preis ist bereits bezahlt, aber du mußt die Schriftstellen finden, die auf deinen Fall zutreffen und diese Worte zu einem Teil deiner selbst werden lassen. Laß sie nicht los, ganz unabhängig davon, wie die Umstände aussehen mögen. Wenn du das nicht tust, bist du schon geschlagen. Du lebst dann ein Leben ohne Sieg und das kann dich dann sogar dein Leben kosten.
Angenommen, du würdest jung an einer Krankheit sterben, in den Himmel kommen und dort zum Gottesdienst gehen. Jesus würde predigen und nach dem Gottesdienst würdest du zu Ihm hingehen und sagen: "Jesus, ich war die Frau eines Pastors und mein Mann und ich haben Dich lieb und wir haben gesehen, wie Du viele Menschen geheilt hast. Warum hast Du denn mich nicht geheilt?"
Es wird schade sein, mein Freund, wenn Jesus sich dir zuwen-

det, dir Seinen Rücken zeigt und sagt: "Ich habe dich doch geheilt! Warum hast du es nicht angenommen? Warum hast du dir die Striemen auf meinem Rücken nicht mit deinen natürlichen Augen genau angesehen?" "Ich habe Dich ja auf der Erde nicht gesehen.", magst du einwenden. "Du hast aber den Vers gesehen. Warum hast du das nicht als die Wahrheit angenommen? Da steht, daß du durch Meine Striemen geheilt worden bist!"

Achte auf Gottes Wort

> **Sprüche 4,20**
> **Mein Sohn, auf meine Worte achte, meinen Reden neige dein Ohr zu! Laß sie nicht aus deinen Augen weichen, bewahre sie im Innern deines Herzens! Denn Leben sind sie denen, die sie finden, und Heilung für ihr ganzes Fleisch.**

Sieh dir einmal genau Vers 20 an: Mein Sohn ... Gott redet mit dir. Wenn Gott 'Sohn' sagt, dann meint Er auch 'Tochter'. "Mein Sohn, auf meine Worte achte" ... Achte auf sie. Ich bin auf einem Bauernhof aufgewachsen und mußte lernen, auf Dinge zu achten. Wurden die Kühe nicht gemolken, gaben sie bald keine Milch mehr. Man mußte die Pferde richtig füttern, weil sie den ganzen nächsten Tag arbeiten sollten. Mein Papa hat immer nachgeschaut, ob ich alles richtig gemacht hatte und wenn ich etwas nicht richtig machte, gab es Ärger. Auf gewisse Dinge muß man achthaben, sonst gehen sie kaputt.

Genauso ist es mit der Bibel. Gott sagt: " Mein Sohn, auf meine Worte achte" ... Das heißt, du bist selbst dafür verantwortlich zu wissen, was in der Bibel steht. Hör auf, immer im ganzen Land nach Menschen zu suchen, die für dich beten. Du willst immer jemanden haben, der für dich betet, weil du nicht in der Kammer bleibst und Gott anbetest und kaum in der Bibel liest.

Gehe selbst in die Gegenwart Gottes

Du mußt nicht zu einer bestimmten Person gehen, damit er oder sie für dich beten kann. Du mußt zu niemandem hingehen,

außer zu dem Herrn Jesus Christus! Genau das brauchst du, und sonst nichts! Gehe selbst in die Gegenwart Gottes.
Vor kurzem sprach ich vor etwa 2000 Menschen in Baltimore im Bundesstaat Maryland. Ich lehrte, wie wichtig es ist, selbst in die Gegenwart Gottes zu kommen und Ihn um Gnade zu bitten. Während ich sprach, kamen etwa 200 Menschen zum Altar gelaufen, fielen auf die Knie und priesen Gott und Gott fing an in der Versammlung zu heilen.
Eine Frau wurde im Rollstuhl nach vorne geschoben. Nachdem sie etwa zwanzig Minuten lang von der Kraft Gottes geschüttelt worden war, stand sie aus dem Rollstuhl auf und war geheilt! Ich habe nicht für sie gebetet. Sie hatte ihre Heilung selbst von Gott empfangen. Sie war in die Gegenwart Gottes gekommen und hatte Jesus von ganzem Herzen als ihren Heiler angebetet. Sie sagte Ihm immer wieder, wie sehr sie Ihn liebe, und daß sie wußte, wie sehr Er sie liebe. Und als Gott sie wie einen Birnbaum geschüttelt hatte, stand sie auf und ging.

Matthäus 11,28
Kommt her zu mir, alle ihr Mühseligen und Beladenen.

Du mußt dir die Schriftstellen suchen, die für deine Situation passen, und du mußt sie mutig im Namen Jesu in Anspruch nehmen. Tritt vor den Thron Gottes und erinnere Ihn daran, was Er gesagt hat.

Hebräer 4,15-16
15 Denn wir haben nicht einen Hohenpriester, der nicht Mitleid haben könnte mit unseren Schwachheiten, sondern der in allem in gleicher Weise wie wir versucht worden ist, doch ohne Sünde.
16 Laßt uns nun mit Freimütigkeit hinzutreten zum Thron der Gnade, damit wir Barmherzigkeit empfangen und Gnade finden zur rechtzeitigen Hilfe.

Jesaja 43,26
Zeige mich an! Wir wollen miteinander vor Gericht treten! Erzähle du, damit du recht behältst!

Beanspruche eine Schriftstelle für dich und der Heilige Geist wird sie für dich ins Sichtbare bringen. Wenn du Jesus als den besten Geschäftsmann der Welt bekennst, wirst du dich wundern, wieviel Geld Er für dich verdient. Er wird dir helfen, ohne viel Anstrengung Dinge zu bekommen. Er wird sie dir zeigen. Setze das Evangelium an die erste Stelle.

Matthäus 6,33
... und dies alles wird euch hinzugefügt werden.

Fülle dein Herz mit dem Wort

Wir wollen noch einmal zu folgender Schriftstelle zurückkehren:

Sprüche 4,21
Laß sie (Gottes Worte) nicht aus deinen Augen weichen, verwahre sie im Innern deines Herzens!

Du sollst wissen, wie wichtig es ist, daß du den Willen Gottes kennst und wie wichtig es ist, daß du Gottes Worte nicht aus deinen Augen weichen läßt.
Dein Sieg ist nur im Wort und nirgendwo anders. Aber du mußt das Wort in dein Herz hineinlassen, damit dein Mund es aussprechen kann. Wenn das Wort in deinem Herzen ist, wird es aus deinem Mund herauskommen.

Matthäus 12,34
Denn aus der Fülle des Herzens redet der Mund.

Später werde ich näher auf die Bedeutung des richtigen Bekennens eingehen. Zunächst einmal sollst du verstehen, wie wichtig es ist, die passenden Schriftstellen tief in Dein Herz hineinfallen zu lassen. Die passende Schriftstelle ist immer die, die einen konkreten Mangel in deinem Leben beschreibt und damit ausfüllt. Das sind dann auch die Bereiche, wo der Teufel gerade etwas in deinem Leben tut. Wenn du beispielsweise

frei werden willst von Krankheit, Verwirrung, Chaos und anderen Angriffen des Teufels, dann mußt du dich mit den Stellen über Heilung im Neuen Testament beschäftigen.
Eines Tages wirst du - deinem Körper zuliebe - Bibelstellen über Heilung auswendig lernen müssen! Du lebst in einem Körper und der Teufel ist nicht tot. Weißt du, daß der Teufel versuchen wird, dich anzugreifen? Das bedeutet nicht, daß er dir etwas anhaben kann - vielleicht bist du stark genug, den Angriff abzuwehren. Aber darüber mußt du dir im Klaren sein: Der Teufel wird versuchen, deinen Körper und auch den deiner Frau und deiner Kinder anzugreifen. Der Teufel ist ein irrsinniger und rücksichtsloser Angreifer. Er will den Tod und die Hölle für deine ganze Familie, und er würde alles versuchen, um das zu erreichen. Er kann nur in eine Richtung denken: Er will uns alle ins Grab bringen. Von morgens bis abends und während der ganzen Nacht ist er ein rücksichtsloser Mörder (Johannes 10,10). Wenn du den Teufel nicht zum Schweigen bringst, wirst du dein Leben lang Probleme haben. Selbst wenn du ein Bibellehrer oder ein weltweit anerkannter Evangelist bist, kann dich der Teufel angreifen. Er attackiert deinen Verstand und versucht, dich dazu zu bringen, Sachen so zu machen, wie du es willst, anstatt wie Gott es in der Bibel sagt.

Kapitel 5

Tu, was der Heilige Geist sagt

Jakobus 4,7
Unterwerft euch nun Gott! Widersteht aber dem Teufel, und er wird von euch fliehen.

Erstens: Ordne dich Gott unter und gehorche Ihm. Dann widerstehe dem Teufel, und er wird von dir fliehen. Sich Gott unterordnen bedeutet, sich Seinem Wort unterzuordnen.

Johannes 1,1
Im Anfang war das Wort, und das Wort war bei Gott, und das Wort war Gott.

Gott und Sein Wort kann man nicht trennen. Ich möchte wieder zurückkommen auf:

Sprüche 4,20-21
Mein Sohn, auf meine Worte achte, meinen Reden neige dein Ohr zu! Laß sie nicht aus deinen Augen weichen.

Um dem Teufel erfolgreich widerstehen zu können, muß man immer Sieg vor Augen haben. Dies geschieht, indem man die Augen auf Gottes Wort gerichtet hält, denn das Wort ist die Anleitung zum Sieg. Darin steht, wie man den Feind bekämpft. Wenn du dich nicht dem Wort Gottes unterordnest, wirst du dem Teufel nicht widerstehen können. Und wenn du dem Teufel nicht widerstehst, wirst du dein Leben lang eigene Wege gehen. Du wirst Gott nicht gehorsam sein.

Sei kein rebellischer Sohn

Römer 8,14
Denn so viele durch den Geist Gottes geleitet werden, die sind Söhne Gottes.

Der Heilige Geist wird dich gemäß dem Wort Gottes leiten. Das Wort und der Geist stimmen überein (1.Johannes 5,6-8). Wenn du das Wort nicht kennst, wirst du nicht beurteilen können, ob der Geist Gottes dich leitet.
Es kann sein, daß du nicht vom Geist Gottes geleitet bist und Gott trotzdem kennst und ein Sohn Gottes bist. Du kannst ein Sohn und gleichzeitig ein Rebell sein - ein rebellischer Sohn Gottes! Gott hat viele Kinder, die Ihm nicht gehorchen wollen.
Ich schreibe oft über Dinge, die ich von Gott gelernt und die ich richtig gemacht habe, doch es kam auch viele Male vor, daß auch ich Gott nicht gehorchte. Ich erinnere mich da an eine Konferenz in Atlanta, wo ich Gott ungehorsam war.
Am ersten Tag der Konferenz lehrte ich über Weissagung. Ich spürte, wie der Heilige Geist auf mich kam, wußte aber nicht, was Er durch mich tun wollte. Noch bevor ich von Ihm Weisung empfangen hatte, begann ein Mann hinten im Saal zu weissagen und brachte mich aus dem Konzept. Als ich wieder in meinem Motelzimmer war, machte Gott mir unmißverständlich klar: "Du warst ungehorsam!"
Er sagte mir, daß Er verschiedenen Menschen in der Versammlung die Gabe der Weissagung geben wollte. "Ich bin der Geber der Gaben", sagte Er, "und ich wollte ihnen die Gabe der Weissagung geben, aber du warst mir nicht gehorsam, du hast den Mann weissagen und dich ablenken lassen."
Ich sagte: "Ich weiß, Herr, und es tut mir leid. Wenn ich das nächste Mal lehre, werde ich gehorsam sein. Das verspreche ich Dir. Ganz egal, was ich fühle, ich werde Dir gehorchen und auf Dein Reden achten. Ich kehre um, Herr, ich kehre um."
Am nächsten Tag erhielt ich von dem Pastor, der am Tag zuvor geweissagt hatte, einen langen Brief, den ich der Versammlung vorlas: "Lieber Bruder Norvel, als ich ins Hotel zurückkam, redete der Heilige Geist zu mir. Er sagte mir, daß ich in dieser Versammlung nicht hätte weissagen sollen, obwohl der Geist der Weissagung auf mir war. Ich weiß, daß ich nicht im Willen Gottes gehandelt habe."
Der Heilige Geist wollte, daß in der Versammlung geweissagt wird, aber die Salbung lag auf mir. Dieser Pastor hatte wohl die Gabe, aber manchmal bedeutet die Tatsache, daß du die Gabe

hast und der Heilige Geist auf dir ist nicht, daß du in diesem Augenblick auch weissagen sollst. Warte, bis entweder der Redner selbst weissagt oder jemanden aufruft. Du mußt lernen, vom Geist Gottes geleitet zu werden!

Du kannst in deiner Gemeinde nicht einfach machen, was du willst

Als der Herr begann mich im Bereich der Weissagung zu gebrauchen, sagte Er zu mir: "Mein Sohn, du sollst weissagen, aber gehe zuerst zu deinem Pastor und frage ihn, ob du in seiner Gemeinde weissagen darfst."

Du bist nicht der Chef in deiner Gemeinde. Du hast nicht das Recht, einfach zu tun, was du willst, auch wenn du dort deinen Zehnten gibst. Du hast nicht das Recht, die Autorität deines Pastors zu übergehen. Gott wird sich nicht dazu stellen. Dein Pastor und kein anderer ist unter Jesus das Haupt der Gemeinde.

Diakone sind wertvolle Leute. Als Diakon habe ich eine Gemeinde mitaufgebaut. Aber weißt du, was unsere Aufgabe als Älteste und Diakone ist? Den Fußboden zu kehren und die Rechnungen zu bezahlen. Ich weiß, daß jetzt einige Leute ein Stückchen von ihrem hohen Roß herunterkommen müssen, aber es ist die Wahrheit. Gott ist nicht verwirrt. Gott hat den Pastor eingesetzt die Gemeinde zu leiten und nicht irgendjemanden ohne Berufung.

Du und ich sollen unserem Pastor Gutes tun. Wir sollen ihn lieben und dafür sorgen, daß er ein gutes Auto fahren kann und sich neue Anzüge kaufen kann. Wenn er eine Evangelisation ansetzt, dann sage: "Preis dem Herrn! Am besten gleich!" Steh nicht wie ein alter, ungläubiger Diakon herum und sage: "Naja, wir hatten schon vor drei Monaten eine. Ist es nicht zu früh, schon wieder eine durchzuführen? Vielleicht sollten wir lieber darüber beten.".Nein! Frage Gott niemals, ob du eine Evangelisation ansetzen sollst oder nicht. Bete einfach für Erweckung und führe die Evangelisation durch.

Ein kraftvoller Mann Gottes mit einem sehr anerkannten Dienst

rief mich eines Tages an und sagte: "Eines Abends, während ich betete sagte der Herr zu mir, daß ich im Gottesdienst weissagen solle und daß er mich in das Amt des Propheten einsetzen möchte. Daraufhin weissagte ich in den nächsten Jahren ein wenig, aber wie wichtig Weissagung eigentlich ist, hatte ich nicht verstanden."
Als er in den Gemeinden einiger seiner Pastorenfreunde sprach, stellte er fest, daß sie seine Weissagungen nicht mochten, besonders dann nicht, wenn sie eine Dreiviertelstunde dauerten und er dabei vor der Gemeinde kniete. Gewöhnlich schätzt das kein Pastor besonders.
Diesen Mann Gottes brachte ich nach Cleveland im Bundesstaat Tennessee. Eines Abends, während er hinter der Kanzel stand und sprach, fiel er plötzlich auf seine Knie. Er lehnte sich an eine Seite der Kanzel und weissagte beinahe eine Stunde. Die Gemeinde saß da und schaute ihn an, während er auch über der Frau des Pastors prophezeite.
Das alles geschah in einer charismatischen Gemeinde, und die Frau des Pastors, die in diesen Dingen sehr genau ist, schrieb die Weissagung auf. Der Bruder weissagte unter anderem über Benzinpreiserhöhungen und andere Dinge, die die Wirtschaft betrafen.
Später erzählte sie mir, daß alles, was dieser Mann zwölf Jahre zuvor im Gottesdienst geweissagt hatte eingetroffen sei. Sie hatte den Zettel immer noch, und sie hatte beobachtet, wie alles eingetroffen war, über zwölf Jahre hinweg.

Gründe deinen Glauben auf die Bibel

Derselbe Mann Gottes lernte durch eine schmerzhafte Erfahrung eine wertvolle Lektion. In einem Gottesdienst stolperte er während er predigte über einen Cassettenrecorder. Vor der ganzen Gemeinde fiel er zu Boden und schlug mit dem Ellbogen auf. Trotz allem aber predigte er weiter. Nach dem Gottesdienst hatte er sehr starke Schmerzen und der Pastor der Gemeinde riet ihm ins Krankenhaus zu gehen, weil der Ellbogen vielleicht gebrochen sein könnte. Mein Freund war bereit, sich untersuchen zu lassen, und nachdem sie gebetet hatten, fuhren sie ins Krankenhaus. Unterwegs redete der Herr zu ihm: "Dein Arm ist nicht gebrochen, mache dir keine Sorgen, ich werde das Krankenhaus bezahlen und mit dir noch darüber sprechen."

Mein Freund war aufgeregt und fragte die anderen, ob sie auch gehört hätten, was der Herr gesagt hatte. Keiner von ihnen hatte jedoch etwas gehört. Als sie im Krankenhaus waren, sagte der Arzt, daß der Ellbogen nicht gebrochen, sondern schlimmer noch, gesplittert sei. Es könne sogar eine Entzündung entstehen und dann müsse ihm womöglich der Arm abgenommen werden. Er behielt ihn drei Tage im Krankenhaus, um den Arm ruhigzustellen. Mein Freund war sehr erschrokken. Am zweiten Tag, ungefähr um fünf Uhr nachmittags, hörte er jemanden den Gang entlanggehen. Die Schritte hielten vor seiner Tür an. Er drehte sich im Bett um und sah auf den Türspalt an der Schwelle. Er konnte sehen, daß derjenige, der draußen stand, ein weißes Kleid oder Gewand trug und als er aufschaute, sah er Jesus in der Tür stehen. Eineinhalb Stunden lang saß Jesus auf dem Stuhl neben seinem Bett und redete mit ihm. Während dieser ganzen Zeit kam keine Krankenschwester oder sonst jemand in das Zimmer.

Jesus sagte: "Du fragst dich, warum du in der Gemeinde hingefallen bist und dir den Ellbogen gesplittert hast. Du fragst dich, ob das von mir kam oder vom Teufel. Ich will es dir sagen: es war vom Teufel. Aber ich will dir auch sagen, daß ich zugelassen habe, daß er es tut, weil du zwei Jahre lang nicht in meinem vollkommenen Willen gehandelt hast.

Aber sei nicht verärgert, daß ich das hier zugelassen habe. Du bist eigene Wege gegangen und hast die Dinge so gemacht, wie du es wolltest."

Lies das Folgende aufmerksam. Lege Gott nie fest auf ein bestimmtes Bild, das du dir von ihm gemacht hast, weil es dann kaum noch möglich ist, daß er dir helfen kann.

Die meisten Christen sind festgelegt und sehen Gott auf eine bestimmte Art und Weise. Ganz gleich, welche Lehrmeinung sie vertritt, fast jede Gemeinde glaubt, daß ihre Sichtweise die richtige ist, und Gott läßt sie in ihrem Glauben. Du entschei-

dest, was du glaubst. Gott zwingt dich nicht, etwas zu glauben. Entscheide dich, Gott gemäß der Bibel zu glauben und du wirst keine Niederlagen mehr erleben.
Viele Christen, die vor ihrer Zeit gestorben sind, haben Gott geglaubt und Ihn geliebt. Ja, sie waren gute Christen, aber ihr Glaube war nicht biblisch. Jeder, der von neuem geboren ist, glaubt Gott. Er hat Gott lieb und vertraut Ihm. Wenn ihn zum Beispiel jemand fragt: "Glaubst du, daß Gott das tun kann?", sagt er: "Ja, natürlich. Ich glaube, daß Gott alles tun kann." Aber du mußt wissen, wo es im Wort Gottes steht. Es ist ein riesiger Unterschied, ob du an Gott glaubst oder ob dein Glaube gegründet ist im Wort Gottes.

Gottes Wort ist Sein vollkommener Wille

Jesus fuhr fort mit meinem Freund im Krankenhaus zu sprechen: "Du bist seit zwei Jahren nicht in meinem Willen, weil du nicht geweissagt hast, wenn der Geist der Weissagung in dir aufgestiegen ist. Du hast es ignoriert und hast einfach weiter gemacht, weil du so gern das Wort lehrst. Ich will auch, daß du lehrst, denn du bist berufen, das Wort zu lehren. Aber vor zwei Jahren habe ich dir während du abends gebetet hast gesagt, daß du weissagen sollst. Eine Weile lang hast du es getan, aber dann hast du aufgehört, weil deine Pastorenfreunde es nicht so recht verstanden haben. Du wolltest sie nicht verlieren, und deshalb bist du nicht in deiner Berufung geblieben. Du solltest froh sein, daß ich dem Teufel gestattet habe, dich anzugreifen, damit ich mit dir reden kann, während du hier flachliegst."
Es ist schwierig für Gott, mit einem Mann zu reden, der eigenmächtig entscheiden will. Folgendes sollst du lernen: Wenn Jesus nicht mit meinem Freund gesprochen hätte, wäre er mit fünfundfünfzig Jahren gestorben, weil er Gott ungehorsam war. Zwei Jahre lang hatte Gott ihm gesagt, er solle weissagen, und er weissagte nur ein bißchen. Jesus hat ihm gesagt, daß sein Ungehorsam ihn sein Leben gekostet hätte.
Dieser Bruder war achtundvierzig Jahre alt, als dieses alles

passierte. Im Alter von sechsundfünfzig Jahren hat Gott ihn dann beauftragt ein Bibelschulungszentrum zu eröffnen, das heute Tausende von Schülern hat. Wäre er nicht wieder in den vollkommenen Willen Gottes hineingetreten, gäbe es eine solche Bibelschule nicht, für die Gott mir schon vor Jahren eine Vision gab.

Diese Vision bekam ich während eines Aufenthalts in Indiana. Ich saß so für mich allein, empfing sie und sprach sie laut aus. Mein Freund sagte mir später: "Wenn Gott mir diese Vision gezeigt hätte, wäre ich sehr erschrocken und hätte nicht gewußt, was ich tun sollte. Ich hätte mir nie träumen lassen, daß Gott mir die Leitung über einen Campus mit zweitausend Studenten anvertrauen würde. Das hätte ich nicht glauben können. Ich hatte beschlossen, einen Raum in einer bestimmten Stadt zu mieten und pro Jahrgang ungefähr fünfzig Schüler zu haben, fünfzig vom Herrn zur Belehrung erwählte Gefäße."

Seine Frau hatte mir schon vorher gesagt, daß sie nur fünfzig Schüler in der Bibelschule haben wollten. Nachdem ich die Vision ausgesprochen hatte, sagte sie: "O nein! Ich dachte, ich könnte mich ausruhen!"

Ich sagte ihr: "Ausruhen gibt es für dich und deinen Mann nicht. Ihr wißt zuviel, um euch auszuruhen. Wenn du Gott wirklich gut kennst, brauchst du dich nicht auszuruhen, du mußt dieses Wissen anderen weitergeben."

Im Krankenhaus hatte Jesus meinem Freund gesagt, daß viele Pastoren jung sterben, Jahre vor ihrer Zeit, weil sie ihrer Gemeinde vorstehen, ohne auch nur zu versuchen, in Seinen vollkommenen Willen hineinzukommen. Sie handeln in Seinem zugelassenen Willen. Jesus liebt sie, hat sie berufen, und sie gehören Ihm, aber diese Pastoren müssen den Preis dafür zahlen, daß sie in Seinem zugelassenen Willen leben.

Achte genau auf das, was ich sage. Es wird dir heute und in Zukunft immer nützlich sein. Du mußt wissen und glauben, daß Gottes Wort der vollkommene Wille Gottes für dich ist. Und der Heilige Geist, der in dir lebt, wird den Teil des Wortes in die Realität umsetzen, den du glaubst. Er wird ihn für dich ins Sichtbare bringen!

Kapitel 6

Behalte Gottes Wort immer vor Augen

Ich möchte dich ermutigen, Bibelstellen über Heilung aus dem Neuen Testament auswendig zu lernen und zu bekennen, daß Jesus dein Heiler ist. Mache dir keine Gedanken über den Rest der Welt; kümmere dich zunächst um deine Angelegenheiten.

Sprich Gottes Wort aus

Unmittelbar nachdem ich morgens aufwache, bete ich Gott an. Dann bekenne ich:
Jesus, Du bist mein Heiler. Du bist derjenige, der meine Kraft erhält. Du bist der, der mir Gesundheit gibt. Ich werde niemals irgendeinen Mangel haben, denn Du bist der beste Geschäftsmann, der mir jemals begegnet ist. Alle meine Rechnungen sind bezahlt. Preis dem Herrn! Alle meine Geschäfte machen Gewinn. Danke, Herr, daß wir Tausende und Tausende und Tausende von Dollar mehr einnehmen werden, als Rechnungen eingehen, in dem wunderbaren, heiligen Namen Jesus. Danke, Herr, daß meine Bibelschule und meine Kinderheime an nichts Mangel haben und daß sie Tausende von Dollar auf ihrem Konto haben. Und so wird es immer sein. Danke, Herr, daß Menschen mir geben werden, weil auch ich mein Geld gebe, um andere Dienste zu unterstützen. Du hast es gesagt, Herr, und so ist es, in Jesu Namen.

Ich habe folgende für mich passende Schriftstelle gefunden:

> **Lukas 6,38**
> **Gebt, und es wird euch gegeben werden: ein gutes, gedrücktes und gerütteltes und überlaufendes Maß wird man in euren Schoß geben; denn mit demselben Maß, mit dem ihr meßt, wird euch wieder gemessen werden.**

Ich glaube das, was ich bekannt habe. Was ich auch tue und was ich auch anfange: ich werde niemals irgendeinen Mangel haben. Ich werde immer Erfolg haben. Meine Konten sind gefüllt mit Tausenden von Dollar, in dem heiligen Namen Jesus. Meine Konten kommen nicht in die roten Zahlen.
Wenn ich beim Bekennen nachlasse, sinkt mein Kontostand. Dann raffe ich mich auf und sage: "Herrsche über deine Zunge, Norvel! Auf diesem Bibelschulkonto sind nur ein paar Tausend Dollar Guthaben. Du solltest über deine Zunge herrschen."
Fange an, vollkommenen Sieg in jedem Bereich deines Lebens zu bekennen, aber zuerst mußt du Bibelworte über Sieg in dein Herz bekommen!

Lies nicht nur, studiere

Der einzige Teil der Bibel, der jemals bei dir funktionieren wird, ist der, den du bekennst und befolgst. Die Bibel funktioniert bei dir nicht, wenn sie nur auf deinem Nachttisch liegt. Sie funktioniert bei dir nicht, wenn du sie nur gelesen hast. Du mußt sie lesen und die Worte vor deinen Augen behalten, bis sie mitten in deinem Herzen sind.

> **Sprüche 4,22**
> **Denn Leben sind sie denen, die sie finden, und Heilung für ihr ganzes Fleisch.**

Wenn du Gottes Wort liest und es immer vor Augen behältst, fällt es in dein Herz. Wenn es dann aus deinem Mund herauskommt, wirst du erfahren, welche Kraft das bekannte Wort hat, weil du glaubst, was du sagst (Matthäus 12,34). Solange du das Wort nicht so stark in dir hast, hast du es nicht wirklich "gefunden" (in Besitz genommen). Nur das Wort, das du "gefunden" hast, bringt das Leben und Heilung für dein Fleisch. Dieses Wort wirst du tatsächlich erleben.
Wenn du noch keine Heilungsworte "gefunden" hast, erlebst du keine Heilkraft an deinem Körper. Wenn du noch keine be-

freienden Schriftworte "gefunden" hast, erfährst du keine befreiende Kraft in deinem Leben.
Als ich Jesus mein Leben gegeben hatte, legte ich jeden Abend eine Bibel auf den Nachttisch. Ich wollte ganz besonders geistlich sein. Ich wollte unbedingt jeden Abend vor dem Zubettgehen beten. Ich versprach Gott, jeden Tag, entweder morgens oder abends, zwei Kapitel in der Bibel zu lesen. Aber manchmal war ich abends so müde, daß ich meine zwei Kapitel im Eiltempo durchlas.
Das tat ich ungefähr ein Jahr lang. Dann kam Gott und packte mich. Manchmal muß Gott einen packen.
Ich hatte gerade meine beiden abendlichen Kapitel schnell durchgelesen und dachte: "Ich bin ein Bibelleser. Wie ich dem Herrn gefallen muß," da rüttelte mich Gott im Bett, wo ich war, auf und sagte: "Mein Sohn, weißt du nicht, daß es viel besser ist, zwei Verse zu lesen und zu wissen, was darin steht und sie zu bekennen, als zwei Kapitel zu lesen und gar nichts zu wissen?" Also hörte ich auf, so schnell zu lesen. Du mußt dir Zeit nehmen und *wissen*, was in der Bibel steht. *Studiere* sie wie ein Schulbuch. Du sollst sie richtig *studieren*.

Löse dich von altvertrauten Meinungen

Falls du jemand von denen bist, die nicht so viel beten, selten in die Kirche gehen und nur manchmal die Bibel lesen, bist du vielleicht schockiert über die folgende Tatsache:
Jesus liebt dich wirklich! Er liebt dich so innig und so sehr, daß du es kaum fassen kannst. Er möchte, daß du immer im Sieg lebst, aber das mußt du in Seinem Wort finden. Du brauchst Schriftstellen, die auf deine Situation zutreffen.
Jesus will dich heilen und dich segnen. Er will, daß deine Kinder errettet werden. Er will nicht, daß sie in die Hölle kommen. Er will dich finanziell segnen. Manche Menschen schreiben finanziellen Segen Gott zu, andere dem Teufel. Der Herr will dir *alles* geben, wofür du Ihm glauben kannst. Er hat alles *für dich* vorbereitet. Er sagt:

Johannes 10,10
Ich bin gekommen, damit sie Leben haben und es in Überfluß haben.

2. Petrus 1,3
Da seine göttliche Kraft uns alles zum Leben und zur Gottseligkeit geschenkt hat.

3. Johannes 2
Geliebter, ich wünsche, daß es dir in allen Dingen wohl geht und du gesund bist, wie es deiner Seele wohlgeht.

Ich habe einen Diamantring, den ich vor fünfundzwanzig Jahren anfertigen ließ. Er war nicht so teuer, weil ich die Diamanten gebraucht gekauft hatte. Es sind gute Diamanten, aber sie waren gebraucht. Vor einiger Zeit saß ich bei jemandem im Büro, der sich für sehr geistlich hielt. Solche Menschen kommen oft auf abenteuerliche Gedanken und verstricken sich in ihre Lieblingslehren. Ich weiß nicht, wo sie diese Lehren herbekommen.
Dieser Mann schaute mich an, während wir uns unterhielten, und sagte: "Weißt du, Norvel, ich hatte auch einmal so einen Diamantring, aber der Herr hat mir gesagt, ich soll ihn nicht tragen." Ich sagte: "Prima! Wenn du Diamanten nicht leiden kannst, solltest du keine tragen. Wenn mein Ring anfängt, mich zu stören, nehme ich ihn von selbst ab. Ich bin von *gar nichts* abhängig! Was ist schon ein Ring? Doch nur ein paar Gramm Gold. Menschen, die mich wegen ein paar Gramm Gold verurteilen machen mir nichts.
Du möchtest so sein wie Jesus? Jesus wandelt auf goldenen Straßen. Im Himmel wirst du auf goldenen Straßen gehen, genau wie Er. Du kannst mir nicht erzählen, Gott will nicht, daß ich Gold habe, wenn in der Bibel steht, daß Er darauf herumläuft.

Offenbarung 21,10
Und er führte mich im Geist hinweg auf einen großen und hohen Berg und zeigte mir die heilige Stadt Jerusalem, wie sie aus dem Himmel von Gott herabkam.

Und die zwölf Tore waren zwölf Perlen, je eines der Tore war aus einer Perle; und die Straße der Stadt reines Gold, wie durchsichtiges Glas.

Der Heilige Geist läßt dein Bekenntnis für dich arbeiten

Ich fragte den Mann, der gesagt hatte, Gott ließe ihn seinen Diamantring nicht tragen, ob er lesen könne. Bei manchen frage ich mich wirklich, ob sie lesen können, denn sie sind sich oft nicht drüber im Klaren, ob der Heilige Geist dies oder jenes tut. Der Heilige Geist tut das, was die Bibel sagt und was du über das Wort Gottes lehrst. Suche dir Bibelstellen, die auf deine Situation zutreffen und bringe sie in deinen Geist hinein, indem du sie bekennst. Dann macht der Heilige Geist dich stark und die Worte wirken sich in deinem Leben aus.
Wenn du eine Schriftstelle für dich in Anspruch nimmst, geschieht Folgendes: Jedesmal, wenn der Teufel dich angreifen will, stehen für dich Waffen bereit, mit denen du ihn bekämpfen kannst. Er wird keine Chance haben dich zu besiegen, weil der Heilige Geist dich an die Schriftstellen erinnern wird, die du auswendig gelernt hast - sei es im Bereich Heilung, Finanzen, oder in anderen Bereichen. Jesus nennt den Heiligen Geist unseren Lehrer und Tröster.

Johannes 14,26
Der Beistand aber, der Heilige Geist, den der Vater senden wird in meinem Namen, der wird euch alles lehren und euch an alles erinnern, was ich euch gesagt habe.

Wenn der Heilige Geist dich an das erinnert, was in deinem Geist ist, mußt du mutig aussprechen: *Das gehört mir! Das gehört mir! Nein, Teufel, das wirst du nicht tun. Du wirst mir nichts rauben!*
Ein für deine Situation passendes Bibelwort, das du dir ständig vor Augen hältst, wird dir jedesmal den Sieg bringen.

Kapitel 7

Du brauchst nur einen Vers

Nicht mehr als ein Bibelvers ist nötig, um dich zu heilen. Suche ihn dir. Bleibe dabei. Sage: "Das gehört mir, das gehört mir! Ich hab's!" Ich weiß das, weil ich es in meinem Dienst erlebt habe. Viele Christen wissen nicht, wie Klumpfüße geheilt werden. Die Pastoren geben den Heilungssuchenden nur einen Klaps auf die Stirn und sagen, "im Namen Jesus", und dann empfängt derjenige oder er empfängt nicht. So ist es eben, denken sie. Aber so ist es eben *nicht*. Du kannst fünfzig Jahre lang Klapse austeilen, aber wenn du Klumpfüße hast, dann geschieht so keine Heilung. Du mußt ein Bibelwort in dein Herz bekommen. Du mußt es bekennen und zu deinen Füßen sagen, daß sie normal sein sollen.

Klumpfüße geheilt durch Jakobus 5,14 - 15

Ich lehrte einmal in einem Abendgottesdienst über die folgenden Verse:

> **Jakobus 5,14-15**
> **14 Ist jemand krank unter euch? Er rufe die Ältesten der Gemeinde zu sich, und sie mögen über ihm beten und ihn mit Öl salben im Namen des Herrn.**
> **15 Und das Gebet des Glaubens wird den Kranken retten, und der Herr wird ihn aufrichten, und wenn er Sünden begangen hat, wird ihm vergeben werden.**

Ich sagte den Anwesenden, daß sie das Gebet des Glaubens beten und sich Jakobus 5,14 - 15 gründlich einprägen sollten. Dies sei eine unverzichtbare Voraussetzung, für ihre Heilung. Ein Mann mit Klumpfüßen kam nach vorn, und ich betete und salbte ihn mit Öl. Ich fühlte gar nichts als ich betete und ihn mit Öl salbte. Und soweit ich weiß, fühlte er auch nichts. Alles, was er wissen, glauben und aussprechen mußte, war: "Ich bin heute abend im Namen des Herrn mit Öl gesalbt worden. Das Gebet des Glaubens ist für mich gebetet worden. Nach Jakobus 5,14-15 habe ich neue Füße und bin geheilt. Weil der Heilungsdienst an mir vollzogen wurde, habe ich meine Heilung! Ich nehme sie an, ich ergreife sie für mich. Danke, Herr, daß Du mich geheilt hast!"

Ich sagte ihm und der übrigen Gemeinde: "Unterhaltet euch nicht mit eurer Frau oder mit eurem Ehemann, wenn ihr nach Hause kommt. Ihr sollt mit ihnen nicht über natürliche Dinge reden. Geht schlafen und sagt dabei: "Jakobus 5,14-15 gehört mir! Das Gebet des Glaubens wurde für mich gebetet, und jetzt habe ich Heilung empfangen! *Sie gehört mir!*"

Der Mann mit den Klumpfüßen wiederholte auf dem Nachhauseweg ständig, was ich gesagt hatte. Er wiederholte es noch beim Einschlafen.

Wenn ich dich etwas aus dem Wort Gottes lehre, und du wendest es an, kannst du *deine* Heilung und *dein* Wunder empfangen. Wenn du davon auch nur ein kleines bißchen abweichst, empfängst du gar nichts. Ist das klar?! Entweder glaubst du Jesus, oder du glaubst Ihm nicht.

Am nächsten Abend kam auf dem Gemeindeparkplatz ein sehr elegant aussehender Geschäftsmann auf mich zu und sagte: "Bruder Norvel, ich muß Ihnen etwas sagen! Seit Jahren habe ich Predigten über Jakobus 5,14-15 gehört. Über zwanzig Jahre habe ich gesehen, wie Kranke mit Öl gesalbt wurden. Aber erst gestern abend habe ich es angenommen.

Sie haben es mir eingebleut; Sie haben es mich gelehrt. Sie haben es gelehrt und gelehrt, und ich habe es angenommen. Sie haben mir immer wieder gesagt, was ich tun muß, bis ich es verstanden habe!

Ich habe genau das getan, was Sie mir gesagt haben und habe begonnen, in meinem Herzen zu empfangen. Ich bin zu Bett gegangen und eingeschlafen, ohne mit meiner Frau zu sprechen, weil Sie es so gesagt hatten. Als ich heute morgen aufgewacht bin, habe ich die Bettdecke zurückgeschlagen, meine Beine herübergeschwungen und die Füße auf den Boden

gestellt. Ich dachte gerade an nichts Bestimmtes, aber als ich meine Füße anschaute, sah ich, daß sie geheilt waren!"
Die Klumpfüße dieses Mannes waren geheilt!

Gib acht auf dein Reden!

Es ist wichtig und gut mit seiner Ehefrau zu reden, doch solltest du zuerst mit Gott reden. Dadurch wirst du ein guter Ehemann. Redest du, ohne zuvor etwas aus dem Wort Gottes empfangen zu haben, so werden eure Gespräche zu leerem Gerede.
Dann sagst du zum Beispiel: "Ich frage mich, warum Gott dies nicht tut und das nicht tut. Warum ich wohl krank bin? Warum ich wohl Klumpfüße habe? Naja, vielleicht will Er mich ja nicht heilen, oder vielleicht dient es zu Seiner Verherrlichung."
Menschen sollten nicht die Ehre bekommen für etwas, das Gott getan hat. Ich bin nur ein Lehrer, der ganz einfach über zwei Verse in der Schrift gelehrt hat - das ist alles. Aber weil der Mann mit den Klumpfüßen diese zwei Schriftstellen in seinem Inneren aufgenommen hat, offenbarte sich ihm Gott in der Nacht mit Seiner Heilungskraft.
Gespräche mit anderen Leuten können dich so durcheinanderbringen, daß du das Ziel aus den Augen verlierst. Willst du geheilt werden, dann rede nicht mit anderen Menschen sondern rede mit Gott! Rede mit ihm, bis du schlafen gehst. Vergiß die anderen Menschen, und wenn du schlafen gehst, denke an Jakobus 5,14-15 und sage: "Ich bin geheilt Jesus, die Heilung gehört mir!"

Lernen, glauben, tun

Gemäß meiner Berufung als Bibellehrer gebe ich Anleitung weiter, ich lehre. Ein Evangelist zum Beispiel hält Gottesdienste, wo von Errettung die Rede ist, aber ein Lehrer ist berufen, dich über Gott zu lehren.
Ich kann in einen Raum hineinkommen, die Bibel aufschlagen, und Gott zeigt mir genau auf, was in einer bestimmten

Situation zu tun ist. Er zeigt mir zum Beispiel, was bei verkrüppelten Gliedmaßen zu tun ist. Ich kann den Betroffenen lehren, wie er vollständige Befreiung und totale Freiheit erfahren kann. Ich arbeite im Amt des Lehrers. Ich *lehre* einen Bibelvers, aber du mußt ihn *lernen*. Du mußt lernen, was da steht, glauben, was da steht, und tun, was da steht. Meine Aufgabe ist es, die Leute Tag für Tag zu lehren. Es kann tagelang dauern, bis ich jedem von ihnen genau beigebracht habe, was er sagen soll, und daß er es jeden Tag sagen soll. Ich muß sie lehren, das Richtige zu sagen und Jesus anzurufen.

Ich habe sie Jesus ihren Heiler nennen lassen, und habe sie zu ihren Beinen sprechen lassen, daß sie gerade sein sollen. Ich lehrte sie, es laut und bestimmt auszusprechen. Es kann zwei Jahre dauern, aber das ist egal. Gott wird eines Abends zu ihnen kommen, und wenn sie aufwachen, sind sie geheilt.

Der Mann mit den Klumpfüßen glaubte an Jakobus 5,14-15 und tat, was dort steht. Er hat keine Klumpfüße mehr. Gott hat ihm zwei nagelneue Füße geschenkt. Er war noch nie in seinem Leben gerannt, denn mit zwei mißgebildeten Füßen kannst du nur gehen. Aber als er seine beiden normalen Füße sah, war er so begeistert, daß er aufsprang, schnell die Hosen anzog, und eine Meile lief. Dank dem Herrn!

Ich dachte an Elia, der die Wagen und Pferde des Königs Ahab überholt hatte (1.Könige 18,46). Ich sagte diesem Mann, daß die Kraft Gottes mit ihm gewesen sein muß, sonst hätte er einen Herzanfall bekommen. Er gab am selben Abend Zeugnis in der Gemeinde, indem er seine Hosenbeine hochzog und den Anwesenden seine normalen Füße zeigte. Die ganze Gemeinde lachte.

Wußtest du, daß die Menschen in den meisten Gemeinden nicht wissen, daß Jesus dir über Nacht neue Füße geben kann? Aber er tut das. Du mußt nur einen Bibelvers in deinem Inneren aufnehmen und dabei bleiben!

Sei still, wenn du gesagt hast, was Gott sagt

Eine Frau, Mitglied der Nazarenerkirche, hielt an einem Bibelwort fest und sah, wie ihre verbogene und deformierte Tochter völlig geheilt wurde und in den internationalen Dienst als Evangelistin ging. Diese Nazarenerin hatte im Wort gelesen, was Jesus gesagt hat.

Markus 9,23
Dem Glaubenden ist alles möglich.

Also bekannte sie: "Jesus, Du hast gesagt, daß dem Glaubenden alles möglich ist. Ich liebe Dich, Jesus, und ich glaube Dir, daß Du zu mir nach Hause kommst und die Behinderung meiner Tochter heilst." Danach hat sie nicht mehr gezweifelt!
Der Grund, daß Gott sich Menschen nicht öfter offenbart, ist der, daß sie, nachdem sie das Wort Gottes bekannt haben, nicht aufhören, negativ zu reden. Der Herr hat gesagt: glaube nur. Diese Mutter glaubte die ganze Zeit. Sie hielt an diesem einen Bibelvers fest.
Jeder Mensch, der von einem vorzeitigen Tod bedroht ist, braucht nur einen einzigen Bibelvers, um wieder völlig gesund zu werden. Du brauchst kein ganzes Kapitel auswendig zu lernen, um geheilt zu werden. Du brauchst nur einen Vers zu kennen. Er kann ein totales Wunder für dich bewirken.
Diese Frau wußte noch mehr aus der Bibel, aber es war dieser eine Vers, durch den sie ein Wunder bekommen hat:

Markus 9,23
Dem Glaubenden ist alles möglich.

Viele Christen glauben nicht, daß ein kleines Baby mit einem Wasserkopf völlig normal werden kann, während du es im Arm hältst. Das ist für sie genauso unwahrscheinlich, wie zu glauben, daß Fidel Castro in einem rosa Kittel auf dem Mond tanzt. In einer Durchschnittsgemeinde würde man hören: "Ja, ja, ich weiß, daß Gott so etwas tun könnte, wenn Er wollte, ich glaube, daß Gott alles kann!"
Nein, das glauben sie eben nicht! Wenn sie es täten, dann würden sie immer am Wort festhalten und niemals zweifeln. Sie würden sich weigern, jemals zu zweifeln!

Heilung eines verkrümmten Mädchens durch Markus 9,23

Die Mutter aus der Nazarenergemeinde hat immer weitergemacht, jeden Tag, jede Woche, jeden Monat, jedes Jahr. Sie sagte: "Jesus, ich glaube! Ich glaube, daß Du zu mir nach Hause kommst und meine Tochter gesund machst."

Ihre Tochter war so deformiert und verkrüppelt als sie geboren wurde, daß sie künstlich ernährt werden mußte. Alles an ihr war verkrümmt. Trotzdem sagte die Mutter: "Ich glaube, daß Du zu *mir* nach Hause kommst und *meine* Tochter gesund machst." Wie lange hat sie das gesagt? Wie lange hat sie geglaubt? Vierzehn Jahre lang hat sie geglaubt und bekannt. Wenn du nach zwölf Jahren aufgibst, funktioniert es nicht. Gib einfach nicht auf.

Im vierzehnten Jahr sagte Jesus: "dein Glaube ist wohlgefällig vor mir und ich werde zu dir nach Hause kommen und deine Tochter gesund machen."

Genau das hat Jesus zu ihr gesagt. Aus ihrem Haus war vierzehn Jahre lang Glaube vor den Thron Gottes geströmt. Jesus *hörte* das. Er *sah* es und es war ihm wohlgefällig, vierzehn Jahre lang.

Das Wort Gottes vermag es, daß Jesus sich durch die Kraft des Heiligen Geistes offenbart. An dem Tag, als Jesus zu dieser Mutter gesagt hatte, daß Er kommen würde, begann sich im Wohnzimmer eine kleine weiße Wolke zu bilden. Der Wind fing an um das Haus herum zu wehen, und die Wolke im Wohnzimmer wurde immer größer. Plötzlich trat Jesus aus der Wolke. Er ging hinüber zu dem Rollstuhl und legte Seine Hände auf das verkrüppelte Mädchen. Ihr Kieferknochen knackte und kam in seine richtige Stellung. Alle ihre Knochen richteten sich aus. Das Mädchen wurde völlig gesund.

Sie sprang aus ihrem Rollstuhl auf und fing an zu rennen und zu springen. Ihr Rücken war so verdreht und verkrümmt gewesen, daß die Ärzte in der Klinik gesagt hatten, sie könne niemals normal werden. Jede Verkrümmung an ihrem Rücken verschwand und ihre Wirbelsäule war vollkommen geheilt. All das ist geschehen, weil eine Mutter einen Bibelvers vierzehn Jahre lang bekannt und geglaubt hat, ohne aufzugeben.

Kapitel 8

Achte auf deine Zunge

Gottes Kraft wird in dem Moment freigesetzt, wenn Gott Seinen Stempel unter dein Bekenntnis setzt und es bestätigt. Die Kraft wird kommen und dir geben, was du ausgesprochen hast, sei es Segen für deine Finanzen, deinen Körper, deinen Verstand oder für deine Kinder - Er wird kommen. Auch wenn du etwas stellvertretend für deine Kinder bekennst, wird Gott zu ihnen kommen.

"Was heißt hier, 'Gott wird zu ihnen kommen'? Meine Kinder hören auf niemanden, Bruder Norvel."

Meine Tochter wollte auch auf niemanden hören, aber Gott sandte einen Engel in ihr Zimmer, der ungefähr doppelt so groß war wie ein Mann, und vor Schreck sind alle ihre Dämonen ausgefahren. *Aber*, ich habe das Richtige über sie ausgesprochen. Ich will dir beibringen, wie man richtig redet. Wenn du mir das gestattest, kannst du es danach deinen Verwandten und Freunden beibringen, die Hilfe vom Herrn brauchen.

Deine Worte bestimmen deine Welt

Der Heilige Geist erfüllt die schriftgemäßen Worte *jedes* Menschen, der sie ausspricht und ihnen gehorcht. Gott ist ein Geist, und er erfüllt Worte. Deine gesamte Welt besteht aus deinen Worten. Durch dein Reden hast du selbst die Umstände geschaffen, in denen du dich heute befindest, sei es, daß du reich, arm, gesund, kränklich oder wie auch immer bist. Ich habe nicht gesagt, durch das Reden eines anderen, sondern *dein* Reden hat dich dort hineingebracht.

Denke daran: Du selbst bist dein schlimmster Feind, nicht jemand anders. Du brauchst dich um seltsame Leute, die dich durcheinanderbringen, nicht zu kümmern. Du hast ein Recht, selbst mit Gott zu leben. Du hast ein Recht, die Worte, die

Reichtümer des Himmels, selbst zu beanspruchen und wenn du es selbst tust, wird Gott kommen und dich besuchen.
"Was wird er mitbringen, Bruder Norvel?"
Alles, wofür du Ihm glauben kannst und alles, was du die ganze Zeit bekannt hast. Gott bringt immer Geschenke vom Himmel in dein Leben und in dein Haus. Jedes Geschenk, das du jemals aus dem Himmel beanspruchst, wirklich beanspruchst, wirst du auch bekommen!
"Ich habe aber gar nichts beansprucht, Bruder Norvel."
Deshalb bist du auch ein totales Wrack, weil du nur herumsitzt und gar nichts beanspruchst. Jesus Christus hat den Preis bezahlt und hat Seinen Namen und Seine Kraft der neutestamentlichen Gemeinde übergeben. Das Neue Testament ist ein besserer Bund als das Alte Testament.

Hebräer 8,6
Jetzt aber hat er (Jesus) einen vortrefflicheren Dienst erlangt, wie er auch Mittler eines besseren Bundes ist, der aufgrund besserer Verheißungen gestiftet worden ist.

In den Genuß dieses besseren Bundes kommen Menschen, die lernen, auf ihre Zunge zu achten. Ich habe schon erwähnt, daß dein eigenes Reden dich dahin gebracht hat, wo du jetzt bist. Dein Mund oder deine Zunge sind wie das Lenkrad eines Autos. Das Auto fährt, wohin du das Lenkrad drehst. Es ist wie ein Schiffsruder.

Jakobus 3,3-5
3 Wenn wir aber den Pferden die Zäume in die Mäuler legen, damit sie uns gehorchen, lenken wir auch ihren ganzen Leib.
4 Siehe, auch die Schiffe, die so groß und von heftigen Winden getrieben sind, werden durch ein sehr kleines Steuerruder gelenkt, wohin das Trachten des Steuermanns will.
5 So ist auch die Zunge ein kleines Glied und rühmt sich großer Dinge.

So, wie du es täglich bekennst, wird dein Leben auch sein.

Sprüche 18,21
Tod und Leben sind in der Gewalt der Zunge, und wer sie liebt, wird ihre Frucht essen.

Gott sei Dank, daß ich meinen Tag damit beginne, in meinem Zimmer auf und ab zu gehen und Gott anzubeten. Gott sei Dank, daß ich schon meinen Tag damit begonnen habe, die richtigen Dinge auszusprechen. Du mußt die Gabe anfachen, die in dir ist und deinen Verstand dazu bringen, richtig zu arbeiten (2.Timotheus 1,6).

Ein ungemein erfolgreicher amerikanischer Prediger hat gesagt, eines der größten Probleme seines Landes bestehe darin, daß die Amerikaner ihr Leben nicht meistern könnten. Sie tun einfach, was sie möchten. Sie stehen morgens auf und lassen sich einfach treiben, und was passiert, das passiert eben. Und was nicht geschieht, naja, "das war eben nicht meine Sache". Nichts geschieht dir einfach, wenn du es nicht zuläßt! Wenn sich etwas Schlechtes anbahnt, dann binde es einfach in Jesu Namen und schmeiß es raus! Gott glaubt nicht an schlechte Tage! Er hat nie einen. Gott kennt keine Novemberdepression, weil Er auf seine Zunge achtet und immer das Richtige bekennt. Wenn Gott eine Erde haben möchte, dann sagt Er: "Erde, ich spreche zu dir, komme in Existenz." Und plötzlich ist eine Erde da.

1. Mose 1,1 ff.
1 Im Anfang schuf Gott die Himmel und die Erde.
3 Und Gott *sprach*: Es werde Licht! Und es wurde Licht.
6 Und Gott *sprach*: Es werde eine Wölbung mitten in den Wassern.
9 Und Gott *sprach*: Es sollen sich die Wasser unterhalb des Himmels an einen Ort sammeln.
11 Und Gott *sprach*: Die Erde lasse Gras hervorsprossen, Kraut, das Samen hervorbringt, Fruchtbäume, die auf der Erde Früchte tragen.
31 Und Gott sah alles, was er gemacht hatte, und siehe, es war sehr gut.

Durch Worte aus dem Mund Gottes wurde die Erde geschaffen.

Hebräer 11,3
Durch Glauben verstehen wir, daß die Welten durch Gottes Wort bereitet worden sind.

Durch die Worte Gottes wurde dein Körper erschaffen und geformt.

1. Mose 1,26
Und Gott *sprach*: Laßt uns Menschen machen in unserm Bild.

Alle die schönen Dinge, die du hier auf der Erde siehst, - die Seen und Berge - sind durch Worte aus dem Mund Gottes entstanden. Und genauso geschieht es auch ständig bei dir.

Du gestaltest deine ganze Welt mit den Worten, die *dein* Mund spricht, mit *deinem* Bekenntnis! Es ist eine ungeheure Kraft im Bekennen!
"Was für eine Kraft, Bruder Norvel?"
Jede Art von Kraft, die du haben willst und die du dir vorstellen kannst. Jeder kann Erfolg haben, wenn er lernt, richtig zu sprechen - *jeder*. Du kannst von Gott alles haben, was du willst, wenn du lernst, richtig zu sprechen! "Was meinst du mit sprechen?"
Ich meine nicht das natürliche Sprechen; fast jeder kann eine Unterhaltung führen. Ich meine, Schriftstellen zu finden und auszusprechen, die für dein Leben relevant sind, die du ganz dringend brauchst, Schriftstellen, die auf deine Situation zutreffen, und die du in dein Inneres aufnimmst, so daß du das Richtige bekennen kannst.

Kapitel 9

Du bekommst, was du bekennst

Als ich einmal in Kanada in einer kleinen Gemeinde predigte, sagte der Herr zu mir, daß ich die Gemeinde über richtiges Bekennen lehren sollte. Ich hatte ja keine Ahnung, welche bedeutenden und starken Auswirkungen richtiges Bekennen haben kann. Für Jesus war richtiges Bekennen sehr wichtig.

Matthäus 21,21
Wenn ihr auch zu diesem Berg sagen werdet: Hebe dich empor und wirf dich ins Meer! So wird es geschehen.

Anhand dieser Schriftstelle lehrte ich darüber, daß du bekommst, was du bekennst. Ich rief diejenigen nach vorne, die sich angesprochen fühlten. Der Heilige Geist wirkte ziemlich stark und etwa vierzig oder fünzig Menschen, darunter auch ein Mann im Rollstuhl folgten dem Aufruf. Was der Heilige Geist mir dann für diesen Mann im Rollstuhl sagte, hatte ich noch nie einen Prediger zu irgend jemandem sagen hören. Ich hatte auch noch nie vorher jemanden tun sehen, was ich dann tat. Besonders, wenn du schon lange predigst oder die Bibel liest, könntest du auf die Idee kommen, daß du ungeheuer viel weißt. Doch Gott ist über die Maßen klüger als du und ich. Ich glaube bis du und ich in den Himmel kommen, werden wir nie merken, wie dumm wir eigentlich sind.
Als der Mann im Rollstuhl nach vorne kam, rief ich: "Du bekommst, was du bekennst!" Während ich das sagte, bekam ich ein Wort vom Herrn: "Was du gelehrt hast funktioniert bei ihm nur, wenn er es auch praktiziert! Nun, mein Sohn, weise ihn darauf hin, daß es Bedingungen zu erfüllen gibt. Schlage Matthäus 21 in deiner Bibel auf und zeige den Menschen die Bedingungen, damit sie sie selbst erkennen."
Ich hatte so etwas noch nie in einem Evangeliumsgottesdienst gehört, und ich sagte: "Wirklich? Preis dem Herrn! Es wird bei ihm funktionieren, wenn er es praktiziert."

Matthäus 21,21
Wahrlich, ich sage euch: Wenn ihr Glauben habt und nicht zweifelt, so werdet ihr (und nicht ein anderer für euch) nicht allein das mit dem Feigenbaum Geschehene tun, sondern wenn...

Wenn bedeutet: glaube und zweifle nicht. Das ist die Bedingung. Wenn du dich zum Beispiel schämst, eine große Anzeige in deine Heimatzeitung zu setzen, in der du einen großen Heilungsgottesdienst für Sonntagabend ankündigst und darauf hinweist, daß Jesus in deiner Gemeinde Menschen heilen und Besessene befreien wird, hast du keinen Glauben.
Bist du der Pastor und traust dich nicht den Namen deiner Gemeinde und deinen eigenen Namen unter diese Anzeige zu setzen, heißt das, daß du nicht glaubst! Du denkst nur, daß du glaubst. Solange du nicht einige religiöse Vorstellungen aufgibst, die du oder deine Verwandten haben, wirst du nie glauben können, daß Gott etwas für dich tut!

Johannes 8,36
Wenn nun der Sohn euch freimachen wird, so werdet ihr wirklich frei sein.

Jesus hat den Preis bezahlt, damit du frei bist. Er will, daß du deinen Verstand, deinen Geist und dein ganzes Wesen Gott öffnest und Gott für alles glaubst. Sei kühn in deinem Glauben!
"Aber, Bruder Norvel, fast keiner von meinen Freunden glaubt so!"
Egal, was deine Freunde glauben: Gott will, daß du frei bist von deinen Freunden und Verwandten. Wenn du es glauben kannst, wird Er Großes für dich tun. Es ist erstaunlich, was Er für dich tut, aber du mußt Glauben haben. Alles, was du vor ihm zurückhältst und wo du dich rechtfertigst, ist Zweifel und Unglaube, und so kann Gott nicht handeln.
"Ja, meinst du nicht, Gott würde dieses unter solchen Umständen tun und jenes unter anderen Umständen?", magst du einwenden. Wenn du das glaubst, bist du ein Zweifler! Ein Ungläubiger! "Oh, ich bin kein Ungläubiger. Ich habe den Herrn lieb und ich glaube, was die Bibel sagt." Glaubst du das alles?

"O ja!" Glaubst du an Zungenreden?
"Nun, Bruder Norvel, ich glaube, daß es für manche Menschen ist, aber nicht unbedingt für mich."
Gott sei Dank versuchst du zu glauben, auch wenn es dir noch nicht gelingt. Bleibe einfach dran. Die Lehre in diesem Buch könnte dir sehr hilfreich sein, wenn du es zuläßt. Sage zu Gott: "Ich bin kühn und glaube, daß alles, was ich im Neuen Testament lese, mir gehört."
Gott wird dir antworten und sagen: "Gut! Zeig es mir!" Wenn du dann beginnst, es ihm zu zeigen, wird er sich dir offenbaren und dir alles geben, was du willst.

Sprich zu den Bergen

Jesus sagt dir, wie man Berge bezwingt:

> **Matthäus 21,21**
> **Wenn ihr auch zu diesem Berge sagen werdet...**

Zu 'Bergen' muß man sprechen. Gebrauche deinen Mund.
Was ist ein Berg? 'Berg' kann tausend Dinge bedeuten. Zum Beispiel Krankheit.
Jesus sagte zu mir: "Mein Sohn, du mußt den Leuten beibringen, wie man zu den 'Bergen' und zu den Dämonen spricht. 'Berge' oder Probleme werden von Dämonen verursacht, also sprich zu den 'Bergen' und zu den Dämonen und treibe sie aus."

> **Matthäus 21,21**
> **Wenn ihr auch zu diesem Berg sagen werdet: Hebe dich empor und wirf dich ins Meer! So wird es geschehen.**

Jesus hat es gesagt! Es wird geschehen! Der Berg wird im Meer der Vergessenheit verschwinden. Gott wird an diesen dummen Berg nicht mehr denken. Er wird nicht mehr da sein.

> **Matthäus 21,22**
> **Und alles, was immer ihr im Gebet glaubend begehrt, werdet ihr empfangen.**

Das war die Schriftstelle, die ich als Grundlage für meine Predigt
"*Du bekommst, was du bekennst*" in der kleinen kanadischen Gemeinde verwendet hatte.
Wenn du dich entscheidest, Gott zu glauben, wirst du ständig Wunder sehen. Du wirst staunen, was du erlebst, während das ganze Kirchenvolk dasitzt und sich fragt, ob etwas passieren wird oder nicht.
Dem Mann im Rollstuhl sagte ich: "Ich habe ein Wort vom Herrn für Sie bekommen, und zwar, daß das, was ich heute morgen gelehrt habe, bei Ihnen funktioniert, wenn Sie es praktizieren! Sie müssen es praktizieren.
"Ich habe darüber gelehrt, daß *du bekommst, was du bekennst*. Sie wissen ja, sprechen Sie zu Ihren 'Bergen'. Schauen Sie Ihre krummen Beine an und befehlen Sie ihnen, gerade zu werden. Sprechen Sie zu ihnen. Sagen Sie ihnen, was Sie von ihnen wollen. Was Sie aussprechen, können Sie haben. Sie bekommen, was Sie bekennen. Sagen Sie nicht, daß Ihre Beine krumm sind, sondern sagen Sie, daß sie gerade sind! In Römer 4,17 heißt es, daß Gott das Nichtseiende ruft, wie wenn es da wäre. Also sagen Sie, daß Ihre Beine gerade sind. Das müssen Sie tun. Sagen Sie Ihren Beinen, daß sie gerade sind."
Er sah mich beleidigt an. Aber auf so etwas achte ich nicht, wenn es um das Werk Gottes geht, denn meistens ist es ohnehin nur der Teufel. Ich dachte bei mir: "Gott hat gesagt, daß er bekommt, was er bekennt und das werde ich ihm eintrichtern. Ich werde seine Gedanken damit überschütten."
Weißt du, die meisten Probleme bereitet uns der Verstand. Wir denken nicht geradeaus. Ich war entschlossen, das Denken dieses Mannes geradezubiegen. Ich machte also einfach weiter, beugte mich zu ihm hinüber und sprach direkt in sein Ohr: "Jesus hat gesagt, daß Sie Ihren krummen Beinen befehlen sollen gerade zu sein." Ich wiederholte mehrmals:
"Befehlen Sie Ihren krummen Beinen gerade zu sein."
Ich glaube, ich habe das fünfundsiebzig- oder hundertmal gesagt. Auch wenn du lieber aufgeben würdest, mußt du dranbleiben und darfst nicht lockerlassen. Ich mußte das verkehrte Denken dieses Mannes sprengen. Schließlich wurde er innerlich

überzeugt und sagte: "Ich befehle meinen Beinen, gerade zu sein!" Ich sagte: "Na, Gott sei Dank! Preis dem Herrn!" Ich war ziemlich erschöpft. Das Denken mancher Leute ist so verkehrt, daß es sehr anstrengend ist, das Wort Gottes in sie hineinzusprechen.
Nachdem ich den Mann im Rollstuhl dazu gebracht hatte, seinen Beinen zu sagen, daß sie gerade sein sollen, ermutigte ich ihn immer wieder: "Sehr gut, das gefällt dem Herrn. Sprechen Sie das immer wieder aus."
Es fiel ihm zwar schwer, aber er blieb dabei. Schließlich trat ich ein Stück zurück und nachdem er etwa fünf Minuten anhaltend bekannt hatte, daß seine Beine gerade sind, kam der Heilige Geist und überschattete ihn. Das tut er bei jedem, der die Schrift bekennt und für sich beansprucht. Er tut es auch bei dir!
Der Mann begann zu weinen und war so überzeugt von der Wahrheit 'du bekommst, was du bekennst', daß er mit seinem Bekenntnis fortfuhr, während er weinte. Der Geist Gottes wirkte stark, und er bekannte weiter: "Ich befehle meinen Beinen gerade zu sein." Ich stand da und sah ihm zu, wie er schließlich aus seinem Rollstuhl aufstand und den vorderen Gang hinunter- und wieder zurückging.
Der Pastor sagte: "Bisher machte er überhaupt keine Fortschritte." "Weißt du, warum? Du hast noch nie zu seinen krummen Beinen gesprochen. Aber er hat heute zu ihnen gesprochen. Er hat ihnen befohlen gerade zu sein und sie wurden gerade, indem er Kraft von Gott empfing."
Ich sagte dem Pastor, daß er ihn weiter ermutigen solle. Der Heilige Geist gab diesem Mann Kraft, weil er ihn das Wort aussprechen hörte. Der Heilige Geist hört dir zu. Er hört jedes Wort, das du sagst. Wenn du beginnst, die Bibel zu zitieren, fängt der Heilige Geist an für dich zu arbeiten.
Das wunderbare Evangelium Jesu Christi funktioniert nicht nur bei dem Mann in Kanada. Wenn du zu dem 'Berg' sprichst, werden Dinge für dich geschehen! Jesus sagte:

Matthäus 21,21

Wenn ihr Glauben habt und nicht zweifelt, ... wenn ihr auch zu diesem Berg sagen werdet: ... so wird es geschehen.

Laß verkehrte Gedanken los

Wenn du glaubst, daß Gott dich nicht aus einem Rollstuhl herausholen kann oder daß er dich nicht heilen möchte, ist dein Denken verkehrt. Es muß verändert werden. Es ist erstaunlich, daß du überhaupt den Weg in die Gemeinde gefunden hast, bei solch einem verkehrten Denken. Die meisten Christen würden der Bibel viel mehr glauben, wenn ihr Verstand ihnen nicht im Weg wäre.

Manche werden jetzt sagen: "Das hört sich gut an, Bruder Norvel. Ich finde es gut, was du lehrst, aber ich werde es nicht so machen. Ich muß dem Herrn nicht genauso glauben wie du es tust. Ich habe das Recht, auf meine Art an Gott zu glauben."

Nein, das hast du nicht. Du hast gar keine Rechte, solange du nicht den Inhalten der vier Evangelien glaubst, wie sie geschrieben sind. Du kannst dir nicht dein eigenes Evangelium zusammendichten. Es gibt nur das Evangelium, wie es Matthäus, Markus, Lukas und Johannes aufgeschrieben haben, alles andere ist falsch und völlig verkehrt.

Kapitel 10

Du bist Gottes Botschafter

Wenn du Gottes Wort nicht beständig anschaust, wird es nicht im Innern deines Herzens bleiben (Sprüche 4,21). Es wird und kann bei dir nicht wirken! Die Kraft des Wortes Gottes wird durch dein Bekenntnis freigesetzt, und dein Mund wird immer nur das aussprechen, was in deinem Herzen ist.
Wenn du das Wort Gottes im Innern deines Herzens hast, und wenn du weißt, wie man richtig bekennt, dann wird dich Gott als seinen Botschafter aussenden, um Menschen vom Tod ins Leben zu retten.
Du mußt Lukas 9,1 in deinem Inneren aufnehmen. Sonst wirst du vielleicht nicht erkennen, was Gott von dir möchte und er wird dich nicht als seinen Botschafter aussenden.

Lukas 9,1
Als er aber die Zwölf zusammengerufen hatte, gab er ihnen Kraft und Vollmacht über alle Dämonen und zur Heilung von Krankheiten.

Du hast Vollmacht über alle Dämonen und Kraft zur Heilung von Krankheiten. Du hast sie! Woher bekommst du die Kraft und die Vollmacht? Von dem Herrn Jesus. Er hat sie dir gegeben, und du hast sie jetzt in dir - jetzt! Wenn du das nicht weißt, wird dir dein Christsein nicht viel nützen. Du mußt es wissen, damit du richtig redest.
"Was meinst du mit 'richtig reden'."
Du hast Kraft und Vollmacht über alle Dämonen, aber die Kraft liegt im Bekennen - im richtigen Reden. Jesus hat dir die Vollmacht gegeben. Die folgende Schriftstelle beweist es:

Markus 16,17
Diese Zeichen aber werden denen folgen, die glauben: In meinem Namen werden sie Dämonen austreiben.

Vergiß nicht, daß es immer der Teufel ist, der Menschen Schaden zufügt.
Hätte ich Lukas 9,1 nicht vor Augen behalten, dann hätte der Herr mich nicht an den Ort geschickt, von dem ich dir gleich erzählen werde. Wäre Markus 16 nicht in meinem Herzen gewesen, wo es heißt, daß wir in Seinem Namen Dämonen austreiben, hätte der Herr mich ebenfalls nicht geschickt.
Ich weiß nicht, ob Gott mit dir so etwas macht, aber ich finde es einfach wunderbar, wenn Er kommt und mir die genaue Adresse nennt, wo ich hingehen soll. Er sagt mir meistens nicht, wozu, sondern nur, daß ich gehen soll.
Einmal war ich in einem Einkaufszentrum in Chattanooga. Die Kühnheit des Herrn kam auf mich und Er sagte mir genau, wo ich hingehen sollte. Er sandte mich zu einem Jungen, der einen Gedächtnisausfall hatte und dem niemand helfen konnte. Der Junge wußte nicht einmal seinen eigenen Namen und saß nur benommen da.
Gott zu kennen und Gottes Wort im Herzen zu haben ist sehr wichtig. Gott wird dich zu Menschen senden, die Ihn brauchen. Studiere Schriftworte, lerne sie auswendig und sei verfügbar, denn du mußt wissen, daß Gott nur Leute sendet, die bereit sind. Du mußt dich zur Verfügung stellen, indem du betest: "Herr, ich bin bereit. Sende mich, wohin du möchtest. Herr, laß mein Leben ein Segen für jemand anderen sein; mache aus meinem Leben einen Segen."
Wenn du die Schrift studierst und in dein Herz fallen läßt, weißt du, wie man etwas tut und du kennst die Kraft des Namens Jesus. Du weißt dann, daß du selbst Kraft und Vollmacht hast.

Gib nicht auf

Ich betete für den Jungen in Chattanooga, aber vorher sagte ich: "Ich bete für ihn, wenn alle anderen aus dem Zimmer gehen und mich mit ihm allein lassen." Ich tat das, weil ich mit den Leuten gesprochen und erfahren hatte, daß sie Christen waren und Jesus liebhatten, aber sie hatten keinen richtigen

Glauben. Bei so einem Fall konnte ich kein bißchen Unglauben im Raum zulassen, sonst konnte keine Heilung stattfinden. Jesus hat etwas Ähnliches getan, als er die Tochter des Jairus von den Toten auferweckte.

Markus 5,38-42

38 Und sie kommen in das Haus des Synagogenvorstehers, und er sieht ein Getümmel und Weinende und laut Heulende.

39 Und er geht hinein und sagt zu ihnen: Was lärmt und weint ihr? Das Kind ist nicht gestorben, sondern es schläft.

40 Und sie lachten ihn aus. Als er aber alle hinausgetrieben hatte, ...

41 Und er ergriff des Kindes Hand und spricht zu ihm: Talitha kum! Das ist übersetzt: Mädchen, ich sage dir, steh auf!

42 Und sogleich stand das Mädchen auf ...

Also kam niemand mehr in das Zimmer des Jungen hinein, und ich betete die ganze Nacht für ihn. Wenn ich sage, ich betete für ihn, meine ich damit nicht, daß ich nur so gebetet habe. Zuerst betete ich und dann sprach ich vollkommenen Sieg aus im Namen Jesu. Ich wandte die Kraft des bekannten Wortes Gottes an und sagte: "Jesus ist stärker als der Teufel, und in dem Namen Jesu befehle ich jetzt dem Gedächtnis dieses Jungen zurückzukommen. Satan, du kriegst diesen Jungen nicht. Das lasse ich nicht zu. Ich überlasse dir den Verstand dieses Jungen nicht. Der Herr hat mich hierher gesandt, und ich bin gekommen, um seinen Verstand für ihn zurückzuholen. In dem Namen Jesus befehle ich dir, aus ihm herauszukommen! Ich befehle dir, seinen Verstand loszulassen! Ich befehle in Jesu Namen seinem klaren Verstand, zu ihm zurückzukehren!" Ich sprach es aus. Was man sagt entscheidet zwischen Sieg und Niederlage, zwischen Wissen und Nicht-Wissen. Entschließe dich, dir Gottes Wort solange anzuschauen und in deinem Herzen aufzunehmen, bis du das Richtige sagst. Mache dir klar, daß im Namen Jesu Sieg ist, und daß du keine Niederlage akzeptierst. Beschließe, daß dein Bekenntnis nicht schwach werden wird. Denke daran, daß der Teufel deine Gedanken angreifen wird, sobald er eine Schwachstelle in deinem Bekenntnis gefunden hat. Schließlich sagst du dann, naja, und gehst einfach.

Acht Stunden lang bekannte ich, daß dieser Junge einen neuen Verstand hat. Einen neuen Verstand - ein anderes Ergebnis akzeptierte ich nicht. Um vier Uhr früh war ich stärker als zu Anfang. Es war ein schwieriger Fall, und außerdem einer, zu dem der Geist Gottes mich speziell geleitet hatte, um den Sieg zu bringen. Und wenn Gott sagt, daß du an einen Ort gehen und den Sieg bringen sollst, dann mußt du gehen! Um vier Uhr morgens, nach acht Stunden des Bekennens begann weißer Schaum aus seinem Mund zu kommen. Speichel floß aus seinem Mund und tropfte auf den Fußboden und dann kam langsam sein Gedächtnis zurück!
Für meine eigene Tochter bekam ich allerdings den Sieg nicht so schnell. Es war einige Jahre nach dem Vorfall mit dem Jungen, als sie dringend die Hilfe Gottes benötigte. Viele bekannte und anerkannte Diener Gottes sprachen mit ihr und versuchten ihr zu helfen, doch sie hörte ihnen gar nicht zu. Sie nahm weiter ihre Drogen und ich hielt an meinem Bekenntnis fest. Erst nach drei Jahren des Betens und anhaltenden Bekennens erlangte sie den Sieg über ihre Drogensucht.
Ich kenne den Einwand: "Ich mache das anders. Ich bete einfach ganz kurz für die Leute, und schwupp, schon ist es da!" Klar, aber weißt du - diese Art von Gebet wirkt bei Kopfschmerzen, aber nicht bei Leuten in psychiatrischen Anstalten. Ich würde dich gern einmal in eine psychiatrische Klinik mitnehmen, damit du probieren kannst, welche Wirkung ganz kurze Gebete dort zeigen. Die Patienten lachen dir da glatt ins Gesicht. Du mußt die Macht des Teufels brechen, in Jesu Namen vollständigen Sieg proklamieren und dranbleiben, bis der Teufel geht. Ich könnte jeden total Besessenen und jeden Krüppel oder sonst einen Problemfall zu mir nach Hause nehmen und täglich für ihn beten, und Gottes Kraft würde kommen und ihn völlig gesund machen. Ich würde ihn umarmen und ihm im Namen Jesu die Hände auflegen und solange den Sieg bekennen, bis er sichtbar wird. Ich würde dranbleiben, egal, wie lange es dauern würde, und ich garantiere dir, Gottes Kraft würde jedes Mal die Heilung bringen.

Kapitel 11

Herrsche selbst über den Teufel

Gott möchte, daß du lernst, über alles zu herrschen, was vom Teufel kommt und nicht in Ordnung ist. Fange an, jeder Bedrückung und allen Angriffen von außen sofort zu widerstehen, sobald du sie bemerkst. Wenn der Teufel durch eine Krankheit zu dir gekommen ist, dann kannst du ihm widerstehen, wenn du durch den Geist Gottes wiedergeboren bist. Du kannst selbst beten und für deine eigene Heilung glauben. Setze dein Vertrauen nicht auf Menschen, sondern auf Jesus, so wie er in der Bibel beschrieben wird und sei geheilt. Vergiß nicht, daß du Vollmacht über den Teufel hast. Jesus hat sie uns gegeben, als wir errettet wurden.

Lukas 10,19
Siehe, ich gebe euch Macht, auf Schlangen und Skorpione zu treten, und über die ganze Kraft des Feindes, und nichts soll euch irgendwie schaden.

Lukas 9,1
Als er aber die Zwölf zusammengerufen hatte, gab er ihnen Kraft und Vollmacht über alle Dämonen und zur Heilung von Krankheiten.

Ich werde dir zeigen, wie ich Krebs oder sonst etwas, was vom Teufel kommt, auf der Stelle stoppe, und wie du dasselbe tun kannst! Ich meine nicht, wie Gott Krebs stoppt, sondern wie du und ich es im Namen Jesu tun können. Menschen bekommen Krebs und andere Krankheiten, und Gott hat seinen Kindern die Vollmacht gegeben, sie zu stoppen. Es ist unsere Aufgabe, verkrüppelten Beinen, kranken Herzen und Körpern zu sagen, daß sie wieder in Ordnung kommen sollen und leeren Brieftaschen zu befehlen, daß sie sich wieder füllen!

Glaube konsequent der Bibel

Als Jesus seinen Jüngern den Missionsauftrag gegeben hatte (Markus 16,15 und 18), zählte er einige Zeichen auf, die den Glaubenden folgen sollten. Das erste Zeichen, das er erwähnte, war:

> **Markus 16,17**
> **In meinem Namen werden sie Dämonen austreiben.**

Ich weiß nicht, warum das den Leuten solchen Respekt eingeflößt hat. Manche Pastoren sagen: "Ich weiß nicht, wie man mit Dämonen umgeht. Ich will meine Leute nicht verwirren." Das Austreiben von Dämonen ist eine neutestamentliche Lehre. Wer fragt, warum er dem Teufel widerstehen und warum er Dämonen austreiben soll, macht sich seine eigenen Gedanken und hat den Glauben Abrahams (siehe Römer 4,16 und 21) verlassen und die Vollmacht Jesu verloren. Der Heilige Geist sagt:

> **1. Timotheus 4,1**
> **Der Geist aber sagt ausdrücklich, daß in späteren Zeiten manche vom Glauben abfallen werden, indem sie auf betrügerische Geister und Lehren von Dämonen achten.**

Dieser Vers sagt eindeutig, daß manche Menschen vom Glauben abfallen werden und nicht gemäß dem Gebot Jesu Dämonen austreiben werden. Es ist ein betrügerischer Geist, der dazu verführt, nichts mit Dämonen zu tun haben zu wollen. Angenommen, ein von Dämonen Besessener käme an deine Haustür und würde dich bitten, für ihn zu beten. Bist du dann bereit zu sagen: "Teufel, laß diesen Menschen los. Ich befehle dir: Fahr aus im Namen Jesus." Für mich ist es ein Teil meines Lebens. Ich tue so etwas ständig, beinahe jeden Tag. Bist du auch dazu bereit?

Ich weiß, daß der Dämon diesen Menschen umbringen wird, wenn ich ihn nicht austreibe. Denke daran, daß der Teufel kommt, um zu stehlen, zu töten und zu zerstören (Johannes 10,10). Du mußt konsequent der Bibel glauben!

Viele Christen sind verunsichert, wenn es um das Austreiben von Dämonen geht. Das gilt für die Gemeindeversammlung und den Pastor gleichermaßen, vor allem dann, wenn der Pastor noch nie einen Dämonen während des Gottesdienstes ausgetrieben hat. Diese Gläubigen kommen am Sonntagmorgen "nett" zum Gottesdienst und gehen genauso "nett" wieder nach Hause.
Jesus ist nicht "nett" zum Teufel und er möchte auch nicht, daß du "nett" zu ihm bist. Er sagt: "Gebrauche meinen Namen und schmeiße den Teufel raus aus deiner Gemeinde!"
"Ist das dein Ernst, Bruder Norvel? In der Gemeinde sind doch alle Überwinder; da gibt es doch so etwas gar nicht."
Das stimmt nicht. Die Gemeinde lebt nur dann in totalem Sieg, wenn man religiösen Geistern, Dämonen und den komischen Freunden des Teufels keinen Platz einräumt. Gott will nicht, daß Seine Gemeinde vom religiösen Denken der Menschen beeinflußt wird. Er möchte, daß wir kühn sind und den Teufel rauswerfen. Wir sollen über den Teufel herrschen, ihn austreiben und die Kranken heilen.

Glaube nur an den "biblischen" Jesus

Vor einigen Monaten, als ich auf dem Weg nach Honolulu war, sprach der Herr zu mir: "Mein Sohn, ab jetzt sollst du nur noch das Wort lehren, und alles andere vergessen. Reinige dein Denken und mach dich total frei von allem anderen." Er meinte damit, daß ich mich nicht mehr nach dem richten sollte, was meine Freunde oder was andere Gemeindemitglieder glauben. Die Vorstellung mancher Leute über Jesus ist geprägt von dem, was sie in der Gemeinde hören und sehen. Aber Jesus paßt sich nicht unserem Gottesdienststil an. Der Gottesdienst muß sich Jesus anpassen! Jesus ist das Haupt der Gemeinde und Er ist der große Hirte, deshalb müssen wir auf Ihn hören und nicht versuchen, Ihn zu ändern. Jesus ist heute genauso, wie er in der Bibel beschrieben wird. Er hat sich nicht verändert und wird sich auch nie ändern. Möge der Herr uns helfen umzudenken, damit wir uns nicht mehr unsere

eigenen Vorstellungen über Jesus machen, sondern ihn so lassen, wie er uns in den Evangelien vorgestellt wird: als jemand, der alles kann und für uns alles bezahlt hat.
Du mußt folgendes wissen: Jesus liebt uns, also liebt Er dich und mich! Wenn du dir ein für alle Mal darüber klar wirst, daß im Wort das Leben ist, dann ist dein Leiden vorüber. Gottes Licht scheint durch das Wort Gottes auf dich. Bei Gott gibt es keinen Schatten - in Seinem Wort ist das Licht. Du mußt entscheiden, wie du mit dem Wort umgehst. Denke daran, daß der Heilige Geist das Wort Gottes für dich zur Erfüllung bringt und zwar jederzeit, solange du lebst. Er wird alle deine Wünsche erfüllen, wenn sie in Übereinstimmung mit dem Worte Gottes sind.
Du mußt lernen, nicht deine eigenen Ideen oder den Vorstellungen anderer Menschen über Jesus zu folgen, sondern du mußt das Evangelium an die erste Stelle setzen. Hör auf, dir ein eigenes Bild von Jesus zu machen und höre nicht mehr zu, wenn deine Freunde ihr eigenes Bild von Jesus verkünden. Vergiß niemals: Jesus ist ein persönlicher Retter, und persönlich meint dich! Wenn ich dich überzeugen kann, Ihn so sein zu lassen, wie Er ist, wird Er sich dir persönlich offenbaren. Du mußt nicht in die Azuza Street in Los Angeles pilgern, damit dir Gott persönlich begegnet. Nimm dir Zeit allein zu Hause, und Er wird kommen. Der Heilige Geist wird Jesus in dir so stark machen, wie Er in den Evangelien beschrieben wird. Wenn du das annehmen kannst, wird Er, als der beste Chirurg der Welt, dich auch direkt zu Hause operieren, deine krummen Beine gerade machen und sie völlig heilen. Ich meine nicht, daß Er das tun wird, ich weiß es, weil Er jeden befreit!

Dämonen sind da, wo es Probleme gibt

Die Aussagen des Neuen Testamentes berechtigen dich, im Namen Jesu alle Dämonen unter deinen Füßen zu halten. Dämonen sind da, wo du viele Probleme hast. Der Teufel selbst ist ein Zerstörer, der aus drei Gründen hier ist: um zu stehlen, zu morden und zu zerstören (Johannes 10,10). Er ist dein Feind. Du und ich befinden uns im Kampf. Wir sind auf dem Weg in den Himmel, aber die Absicht des Teufels ist es, uns zu stoppen. Er ist voller Zorn, weil er aus dem Himmel geworfen wurde. Der Teufel will besonders deshalb Menschen angreifen, weil sie nach dem Bild Gottes geschaffen sind und er auf Gott zornig ist (1.Mose 1,26).

Er will dir deine gottgegebene Identität rauben, indem er zum Beispiel versucht, deinen Körper durch Krebs, Alkohol oder Drogen zu zerstören. Er freut sich, wenn du deinem Ehepartner untreu wirst und ihn verläßt, um mit jemand anderem zu leben. Es gefällt ihm nicht, wenn du deinem Partner treu bist, wenn du nur mit ihm intim bist, er hätte es lieber, wenn du zwei, drei, vier oder fünf verschiedene Partner hättest, darum redet er dir auch ein, wie begehrenswert so etwas sei.

Hör nicht auf deinen Körper

Manche Menschen kommen in Schwierigkeiten, weil sie ihren Gefühlen gehorchen, sie sagen: "Mein Körper braucht dies, mein Körper will jenes, mein Körper mag dies nicht oder das nicht". Dein Körper lügt! Du darfst dich nicht danach richten, was dein Körper verlangt. Sobald du das tust, wirst du die Probleme nicht mehr los.

Eines Tages sagte der Herr zu mir, daß ich mit dem Rauchen aufhören solle. Also tat ich es. Dabei merkte ich, wie sehr mein Körper mein Leben beherrschte, denn ich hatte über zwanzig Jahre lang geraucht und nie gedacht, daß dies falsch sein könnte.

Während des Gottesdienstes gab es eine Raucherpause zwischen der Sonntagsschule und dem Hauptgottesdienst. Alle meine Verwandten waren Raucher, und ich dachte, daß es normal sei zu rauchen. Wie hätte ich es für schlecht halten können? Bei uns in der Gemeinde rauchten sogar schon Kinder. Ich habe mich immer in einem Graben versteckt, um dort zu rauchen. Ich rauchte Zigaretten, Zigarren, und sogar Maishüllen, Weinblätter und alles Brennbare.

Ich antwortete dem Herrn: "Ich wußte nicht, daß ich mit dem Rauchen aufhören sollte. Aber wenn du es willst, Herr, dann

höre ich auf." Ich nahm die Zigarettenschachtel, schmiß sie auf den Tisch, und sagte: "Danke, Herr, ich tue es für dich." Das war schön und gut und klang beeindruckend als ich es sagte, aber wenn man zwanzig Jahre lang gewöhnt ist, täglich eine Schachtel Zigaretten zu rauchen, erzählt dir dein Körper spätestens nach drei bis vier Stunden etwas ganz anderes.
Schon nach wenigen Stunden begannen meine Kieferknochen zu schmerzen und eine leise Stimme redete zu mir. Ich wußte, daß es nicht Gott war, es war mein Körper, der sich meldete und nach einer Zigarette verlangte. Ich antwortete ihm, daß er keine Zigarette bekommen würde, während gleichzeitig mein Verlangen danach so stark war, daß ich sie direkt schmecken konnte. Ich sagte: "Nein, ich habe aufgehört zu rauchen!"
Deinem Körper ist es völlig gleichgültig, was du beschlossen hast; er ist nur das Haus, in dem du wohnst. Er besitzt ein Eigenleben und hat seine eigenen komischen Ideen. Wenn mein Körper zum Beispiel eine Schokoladentorte sieht, will er gleich drei Stücke davon haben, besonders wenn sie selbstgemacht ist. Aber ich befehle meinem Körper: "Nein, du kriegst keine drei Stücke, du Dummkopf." Jedesmal, wenn dein Körper etwas mag, sagt er: "Das will ich haben, haben, haben!" Dann mußt du diesem Verlangen nach Torte, Zigaretten oder anderen Dingen widerstehen und sagen: " Komm heraus, in Jesu Namen! Verlaß mich!" Auch ich mußte diesem dummen Verlangen befehlen zu gehen.
Deinem Körper ist es egal, was Gott sagt. Er verlangt einfach das, was er haben will. Du mußt deinem Körper befehlen zu schweigen!
Ich dachte, daß ich es schon schaffen werde, wenn ich nur meinen starken Glauben einsetzen würde. Aber ich mußte feststellen, daß mein Glaube nicht ganz so stark war, wie ich angenommen hatte. Er mußte noch kräftig wachsen. Nach acht Stunden kam der Härtetest. Auf der Straße sah ich Leute rauchen, und mein Körper sagte zu mir: "Dreh dich um", und ich hoffte, daß der Wind etwas von dem Rauch in meine Richtung blasen würde und ich wenigstens den Geruch wahrnehmen könnte. Den zweiten Tag werde ich nie vergessen. Mein Körper schrie förmlich nach Nikotin. Das Verlangen war so stark, daß

der Körper nicht mehr so freundlich nur sagte, daß er eine Zigarette wolle, sondern massiv forderte: "Ich will eine Zigarette, und zwar sofort!" Ich hätte hundert Dollar für eine Zigarette gegeben, aber ich gestattete mir nicht, nachzugeben. Nach einigen Kraftproben trug ich schließlich den Sieg davon. Aber ich mußte meinem Körper und seinen Begierden widerstehen, genau, wie man Satan und seinen Angeboten widersteht. Ich habe gelernt über meinen Körper zu herrschen, indem ich ihn verleugne und ihn zu meinem Diener mache, anstatt ihm zu dienen. Das mußt du auch tun. Du mußt lernen, sowohl zu Krankheiten als auch zu verkehrten Verlangen deines Körpers "Nein" zu sagen. Vergiß nie, daß dich das Verlangen deines Körpers nicht regieren darf. Wenn sich eine Krankheit bei dir einnisten will, so widerstehe ihr und befehle: "Nein, Krankheit, ich widerstehe dir im Namen Jesus. Verlaß mich jetzt!"

Kapitel 12

Der Teufel will ein klares "Nein"

"Nein" ist das Beste, was du dem Teufel jemals sagen kannst. Es ist zwar nur ein kurzes Wort, aber solange du es anwendest, kann der Teufel dir nichts anhaben. Selbst wenn du Jesus noch nicht kennst und noch ein Sünder bist, kannst du, wenn die Versuchung zur Sünde kommt, "nein" sagen, "das werde ich nicht tun". Der Teufel kann dich nicht zwingen. Er muß warten, bis du ihm nachgibst.

> **Römer 6,16**
> **Wißt ihr nicht, daß, wem ihr euch zur Verfügung stellt als Sklaven zum Gehorsam, ihr dessen Sklaven seid, dem ihr gehorcht? Entweder Sklaven der Sünde zum Tod oder Sklaven des Gehorsams zur Gerechtigkeit?**

Vergiß nicht, bevor der Teufel dir etwas tun kann, mußt du ihm nachgeben. Wenn du dich mit einem Lügengeist eins machst, wirst du anfangen zu lügen. Indem du dem Geist nachgibst, der dich versucht, bist du dem Teufel gehorsam und wirst so wie dieser Geist. Achte darauf, wer deine Freunde sind und was du hörst, liest oder dir, vor allem im Fernsehen, ansiehst. Der Psalmist sagt:

> **Psalm 101,3**
> **Ich will keine heillosen Dinge ins Auge fassen; Übertretungen zu begehen, hasse ich; das soll nicht an mir kleben.**

> **Psalm 1,1**
> **Glücklich der Mann, der nicht folgt dem Rat der Gottlosen, den Weg der Sünder nicht betritt und nicht im Kreis der Spötter sitzt.**

Entwickle ein Bewußtsein, wem du folgst, auf wessen Weg du gehst, und mit wem du zusammensitzt.

Du mußt den Teufel binden

Sag "Nein" zum Teufel und laß dich in keiner Form auf ihn ein. Du mußt ihn binden, wenn er dich bereits angegriffen hat. Besteht der Angriff beispielsweise in einer Krankheit, dann binde zuerst den Teufel. Du kannst ihm mit Erfolg widerstehen. Jesus sagte über Seine Gemeinde:

> **Matthäus 16,18**
> **...des Hades Pforten werden sie nicht überwältigen.**

Du mußt den Teufel binden!

> **Matthäus 12,29**
> **Oder wie kann jemand in das Haus des Starken eindringen und seinen Hausrat rauben, wenn er nicht zuvor den Starken bindet? Und dann wird er sein Haus berauben.**

Wenn du den Teufel seiner Macht über dich berauben willst, mußt du ihn zuerst binden. Sowohl Gott als auch der Teufel sind real! Der Teufel ist nicht tot. Solange du dem Bösen, zum Beispiel in Gestalt von Lüge, Betrug und Krankheit, Widerstand leistest, sind dem Teufel die Hände gebunden und er kann dich nicht antasten. Aber du mußt ihm im Namen Jesu widerstehen! Das macht folgende Schriftstelle deutlich:

> **Jakobus 4,7**
> **Unterwerft euch nun Gott! Widersteht aber dem Teufel, und er wird von euch fliehen.**

Alle Angriffe aus dem Reich der Finsternis, seien es Verwirrung, Schmerz oder Schicksalsschläge, kommen vom Teufel. Ergreife sofort Autorität darüber und sage im Namen Jesu: "Nein, das wirst du nicht tun. Mit mir nicht, Teufel." Du und ich haben Kraft und Vollmacht über den Teufel. Jeden Dämon, den ich im Namen Jesu austreiben kann, kannst du genauso austreiben. Jeden, den ich im Namen Jesus heilen kann, kannst auch du heilen. Du kannst es selbst tun.

Gott hat keine Lieblinge und keine Superstars. Gott hat nur Menschen, die glauben. Die Kraft des Evangeliums ist von Gott nicht für einige wenige reserviert, sondern sie wirkt bei jedem! Wenn du dem Wort glaubst, wirkt sie auch bei dir. Wenn ich dem Wort glaube, funktioniert es bei mir, wenn ich ihm nicht glaube, funktioniert es nicht. Die Tatsache, daß ich Norvel Hayes heiße , einige Bücher und Audioserien veröffentlich habe und eine Bibelschule und einige andere Dienste habe, bedeutet noch gar nichts. Auch ich muß Schmerzen, die meinen Körper angreifen und Versuchungen des Teufel widerstehen, genau wie du.

Ich mache das, indem ich sage: "Im Namen Jesus widerstehe ich dir, das wirst du nicht tun. Ich werde diesen Schmerz in meiner Seite nicht annehmen. Ich binde dich, Satan, verschwinde im Namen Jesu!" Dann lege ich mir selbst die Hände auf und mache weiter: "Im Namen Jesu, nein, ich nehme das nicht an. Ich breche deine Macht, Satan, und ich befehle dir, die Finger von mir zu lassen. Mein Körper gehört Gott. In Jesu Namen, verlaß mich jetzt. Ich beanspruche die Heilungskraft Gottes. Nein, das wirst du nicht tun. Nicht mit mir. Du hast kein Recht dazu. Ich weiß, daß du das gern möchtest, aber du darfst es nicht. Wenn ich sage, du darfst es nicht, dann ist das so!" Ich mache das solange, bis die Symptome verschwunden sind, egal ob es schnell geht oder auch drei Tage und länger dauert. Gott verspricht nicht, daß sofort etwas geschieht, wenn wir beten.

Markus 11,24
Darum sage ich euch: Alles, um was ihr auch betet und bittet, glaubt, daß ihr es empfangen habt, und es wird euch werden.

Wenn du betest, glaube, daß du empfängst, und du wirst alles bekommen, was du erbeten hast. Es ist möglich, daß du es heute schon bekommst, vielleicht aber auch erst nächste Woche oder nächsten Monat, aber wenn du glaubst, bekommst du es auf jeden Fall.

Bleib fest, zweifle nicht und werde nicht ungeduldig

Es kann sein, daß die Schmerzen, nachdem ich dem Teufel widerstanden habe, am nächsten Morgen schlimmer sind als zuvor. Das macht nichts, es ist nur ein Zeichen, daß ich auf dem Wege der Besserung bin. Jeder Widerstand rüttelt den Teufel auf und er verstärkt seine Angriffe. Er versucht dir zu zeigen, daß er stärker ist als du und deshalb können sich die Schmerzen am nächsten Tag verschlimmern. Bleibe fest, zweifle nicht und werde nicht ungeduldig, sondern tue das gleiche, was du am ersten Tag getan hast. Lege einfach deine Hand auf die schmerzende Stelle und sage: "Im Namen Jesus widerstehe ich dir, Satan. Ich gestatte dir nicht, mir Schmerzen zu verursachen, denn ich habe meine Heilung in Anspruch genommen. Die Heilungskraft Gottes ist jetzt in mir wirksam. Du kannst mir nichts tun, verlaß mich, in Jesu Namen! Für meinen Körper beanspruche ich völlige Freiheit!"

Achte darauf, wenn du zu Hause auf und ab gehst und bekennst, was ich dir hier aufgeschrieben habe. Dein Bekenntnis darf nicht abflauen. Auch wenn die Schmerzen vier oder fünf Tage anhalten, soll dein tägliches Bekenntnis an Bestimmtheit zunehmen und nicht abnehmen. Sobald der Teufel nur die geringste Schwäche bei dir wahrnimmt, hast du verloren. Wenn dich Schwäche und Zweifel gepackt haben, bist du so gut wie im Krankenhaus. Dann verfolgt er dich mit Schmerzen bis in dein Grab, wenn du es zuläßt. Solange du dem Teufel nur ein bißchen Schwäche zeigst, wird er nicht aufgeben oder dich gar in Ruhe lassen, sondern er wird dich immer und immer weiter quälen. Mit deiner Stärke und Entschlossenheit hingegen wirst du ihn zum Aufgeben zwingen.

Falls du bisher bei deinem Widerstand gegen den Teufel noch nicht viel Erfolg gehabt hast, so hast du es bisher noch nicht richtig gemacht. Du hast wahrscheinlich nicht auf Gott, sondern auf dich selbst gehört. Häufig muß Gott im Leben eines Menschen erst eine Grundlage schaffen, bevor der Sieg sichtbar wird. Jakobus 4,7 sagt uns, daß wir uns als erstes Gott unterordnen sollen. Danach sollen wir dem Teufel widerstehen, so daß er von uns flieht. In diesem Buch lehre ich dich, wie man diese Grundlage bekommt, um dann umso mehr Vollmacht über den Teufel auszuüben.

Es funktioniert immer

Man kann immer und überall über die Machenschaften des Teufels befehlen, denn man kann Gott immer mitnehmen, Er hat keine Angst. Als ich einmal ins Gefängnis gegangen bin, um dort ein Seelsorgegespräch zu führen, hatte ich auch die Gelegenheit, im Gefängnisgottesdienst zu predigen. Anschließend durfte ich fünfundfünfzig Minuten lang mit den Insassen sprechen. Ich erklärte ihnen, daß Jesus das Alpha und Omega ist und daß Er alles besitzt. Aber sie starrten mich einfach nur an. Du solltest Gott wirklich gut kennen, wenn du zu solchen Orten gehst. Wenn du wiedergeboren bist, kennst du Ihn vielleicht schon ganz gut, aber ehe du in die Gefängnisse gehst, solltest du Ihn ganz genau kennen und wissen, was Er versprochen hat und was nicht.
Ein Bankräuber, der kräftig gebaut war und ungefähr 100 kg wog, stand auf und sagte: "Hey, Mr. Hayes, ich bin ein Bankräuber aus Washington und bin für sechzehn Jahre hier. Wenn ich Sie richtig verstanden habe, hört sich das an, als ob Gott alles für jeden tun kann, - auch für Bankräuber." "Genau das glaube ich. ", war meine Antwort, "Ich habe nicht gesagt, daß Gott alles für Sie tun kann, wenn Sie Ihm nicht vertrauen, aber wenn ich Sie dazu bringe, Ihm zu vertrauen, glaube ich, daß Er Ihnen helfen wird." "Ich bin seit dreißig Jahren taub. Würde Er mich heilen?", fragte er und setzte sich wieder. "Wollen Sie, daß Jesus Sie heilt?", fragte ich, und er antwortete: "Das wäre gut." Dann ließ ich ihn aufstehen, ging zu ihm hinüber, legte meine Hände auf seine Ohren und sagte: "Du unreiner, tauber Geist, fahre aus, in Jesu Namen!" In demselben Augenblick fiel er vornüber und ich konnte ihn kaum auffangen, so schwer war er. Er weinte, denn der Heilige Geist hatte ihn getroffen wie der Blitz und der taube Geist fuhr aus.
Ich stand da und hielt den Mann fest, während er weinte und weinte. Die übrigen Häftlinge sagten: "Stark, Gott ist wirklich

hier!" Darauf sagte ich: "Stimmt, er ist in mir, in meinem Innern. Das Königreich Gottes ist in euch: aus eurem Leib werden Ströme lebendigen Wassers fließen (Johannes 7,38), es wird bis ans Ende der Welt fließen. Leute, ich muß jetzt gehen, vertraut dem Herrn, dann wird er für euch das gleiche tun wie für diesen Mann hier. Preis dem Herrn! Ehre sei Ihm!"
Der Gefängnispfarrer kam, tippte mir auf die Schulter und sagte: "Mr. Hayes, Ihre fünfundfünzig Minuten sind um, wir müssen gehen." Ich folgte ihm einen langen Korridor entlang bis zu einem Zimmer, wo ich meine Taschen hatte ausleeren müssen, wie es in Gefängnissen üblich ist. Während wir den Gang entlanggingen, strömten die Häftlinge aus dem Zimmer, wo Jesus ihren tauben Kollegen geheilt hatte. Sie liefen hinter uns her und packten mich an den Kleidern. Ein junger Puertoricaner, der wegen Mordes an einem Polizisten zu zwei- bis dreihundert Jahren verurteilt war, wollte mich kaum loslassen:
"Mr. Hayes, bitte kommen Sie wieder und helfen Sie uns, bitte kommen Sie wieder, Mr. Hayes."
Später bekam ich einen Brief von der Frau des geheilten Häftlings, in dem sie schrieb, daß ihr Mann jetzt einwandfrei hören könne. Sie bedankte sich sehr dafür, daß ich ins Gefängnis gegangen war und bat mich, weiter für ihre Familie zu beten.
Durch die kahlen Betonwände strahlen Gefängnisse Kälte aus. Früher bin ich oft dorthin gegangen, denn ich mag diesen Dienst sehr - ein Dienst an den Vergessenen. Im Gefängnis zu sein, ist für sie eine Schande, und die Welt kümmert sich nicht mehr um sie. Trotzdem habe ich einige der nettesten Menschen dort kennengelernt. Gott sei Dank können wir hingehen und solche Menschen freisetzen, indem wir ihnen beibringen, wie man mit dem Teufel umgeht, weil Jesus gesagt hat, daß wir in Seinem Namen Dämonen austreiben können.

Kapitel 13

Das Haupt deiner Familie

Für alles, was bei mir zu Hause und auf meinem Grundstück passiert, bin ich verantwortlich. Ich kann weder dem Teufel, noch meinen Nachbarn, noch meinen Freunden die Schuld in die Schuhe schieben, die Verantwortung liegt bei mir. Diese Tatsache erkannte ich vor einigen Jahren, als meine Tochter über dreißig Wucherungen am Körper hatte. Damals wußte ich nicht, daß Gott alle diese Gewächse entfernen und die Haut meiner Tochter vollkommen erneuern würde. Mir hatte niemand von einem Gott mit einer solchen Liebe und einer solchen Kraft erzählt. Das hatte ich von keinem Menschen gehört und bis heute kenne ich nicht viele Menschen, die das wissen und glauben, was ich erfahren habe, aber ich habe die Wahrheit erfahren.

Als ich eines Sonntagsabends für meine Tochter betete und Gott bat, sie von den Gewächsen zu heilen, kam Jesus und holte mich aus meinem Körper heraus, hinauf in Seine heilige Gegenwart. Mein Körper blieb im Wohnzimmer und ich war plötzlich im Paradies. Ob das wortgemäß ist? Wenn es das nicht wäre, wäre ich nicht mitgegangen. Es war Sein Wort. In einem Augenblick kann Gott dich aus deinem Körper herausholen und zu sich ins Paradies bringen. Der Apostel Paulus spricht von einem ähnlichen Erlebnis:

2. Korinther 12, 2 - 4
2 Ich weiß von einem Menschen in Christus, daß er vor vierzehn Jahren - ob im Leib, weiß ich nicht, oder außer dem Leib, weiß ich nicht; Gott weiß es -, daß dieser bis in den dritten Himmel entrückt wurde.
3 Und ich weiß von dem betreffenden Menschen - ob im Leib oder außer dem Leib weiß ich nicht, Gott weiß es -,
4 daß er in das Paradies entrückt wurde und unaussprechliche Worte hörte, die auszusprechen einem Menschen nicht zusteht.

Nachdem Jesus mich aus meinem Körper heraus in Seine Gegenwart geholt hatte, begann Er mit mir zu sprechen. Er sah mich an und fragte: "Wie lange willst du dir noch gefallen lassen, daß deine Tochter unter diesen Wucherungen leidet?" "Herr, was heißt hier 'ich'?" (So etwas sollte man im Himmel lieber nicht fragen.) "Du bist das Haupt deiner Familie! Dann sei auch das Haupt!" (Jetzt kann ich mir vorstellen, wie sich die Geldwechsler gefühlt haben, als Jesus sie aus dem Tempel getrieben hat.) Ich rief "Das bin ich doch!" Genau in diesem Moment offenbarte mir Gott, daß ich für alles, was in meinem Haus und auf meinem Grund und Boden passiert, verantwortlich bin. Aber wie könnte ich bewirken, daß die Wucherungen verschwinden? In der Gemeinde, wo ich herkomme, wurde nicht gelehrt, wie man das anstellt. Jesus sagte: "Du bist das Haupt deiner Familie! Wenn du diese Wucherungen in meinem Namen verfluchst, werden sie absterben und verschwinden! Wenn du glaubst und nicht zweifelst, werden sie genauso absterben wie der Feigenbaum, den ich verflucht habe."

Neue Haut

Als ich wieder in meinem Körper war, tat ich genau das, was der Herr mir gesagt hatte. Drei Jahre lang hatte ich gebetet, und die Wucherungen waren geblieben. Aber als ich die Anleitungen Jesu befolgte und die Vollmacht Seines Namens anwandte, verschwanden sie. Ich ging zu meiner Tochter und verfluchte die Wurzeln dieser Wucherungen an ihrem Körper, indem ich sagte: "Im Namen Jesus müßt Ihr absterben! Ihr seid in meiner Familie, und ihr müßt absterben!"
Dreißig Tage lang sagte ich das, ohne daß etwas geschah. Eigentlich sahen die Wucherungen noch schlimmer aus, aber ich machte weiter bis schließlich nach vierzig Tagen die Kraft Gottes kam und meine Tochter heilte. An diesem Nachmittag ging meine Tochter, nachdem sie aus der Schule nach Hause gekommen war, auf ihr Zimmer. Plötzlich hörte ich einen Krach, als ob die Kommode umkippen würde. Meine Tochter kam aus dem Zimmer gerannt und rief: "Daddy, das ist ja

unheimlich! Hab ich einen Schreck gekriegt! Schau mal, hier! Schau mal meine Beine an und meine Arme. Die ganzen Wucherungen sind weg! Ich habe eine neue Haut." Nach drei Jahren sind alle Wucherungen in einem Augenblick verschwunden und Jesus hat ihr eine ganz neue Haut, wie die eines Babys, gegeben. So macht Gott das.

Ich brauche mir nicht den Kopf darüber zu zerbrechen, was diese oder jene Gemeinde glaubt, und ich mache mir auch nie Gedanken darüber, ob Gott Klumpfüße heilt, ob Er Wucherungen entfernt und dir neue Haut schenkt. Weißt du, warum? Wenn du von Gott ein Glas Wasser erwartest, dann gibt Er es dir, und wenn du Heilung von Ihm erwartest, dann heilt Er dich. Gott ist bereit, für dein Kind das gleiche zu tun wie für meine Tochter. Nach vierzig Tagen und vierzig Nächten des Glaubens war alles vorbei - so schnell ging es! Alle Knoten waren verschwunden und meine Tochter bekam neue Haut. Jesus war gekommen und hatte ihre häßlichen, offenen und blutenden Wunden an ihren Händen geheilt und ihr neue gesunde Haut gegeben. Denke nicht, daß Jesus dich nicht heilen will, du bist im Irrtum. Er tut alles für dich! Alles, was das Wort sagt, will Er für dich und deine Familie tun, du mußt nur deine Stellung als Haupt der Familie einnehmen und für dich selbst und deine Familie beten. Nimm keine Niederlage hin!

Deine Kinder können durch deinen Glauben geheilt werden

Du kannst für deine Kinder nach dem Wort handeln, und Gott wird etwas für sie tun. Wenn sie älter werden, können sie nicht mehr ausschließlich durch deinen Glauben Hilfe empfangen, dann wird dein Glaube nur teilweise helfen. Bis im Alter von ungefähr sechzehn Jahren können sie Heilung und andere Segnungen aufgrund deines Glaubens und deines Bekenntnisses empfangen, aber später ist auch ihr eigener Glaube gefordert.

Eine Mutter empfängt Heilung für ihren mißgebildeten Sohn

Ich kann mich an eine einundachtzig Jahre alte Frau erinnern, die sehr hohe Erwartungen an den Herrn hatte. Kein Wunder, daß sie so war, denn sie hatte einen blinden, behinderten und mißgebildeten Sohn, der sich hin- und herwälzte, murmelte und stöhnte. Er wohnte in ihrem Haus, in dem sie die geistliche Autorität besaß, weil ihr Mann nicht gläubig war. Da sie ihn nicht hochheben konnte, schleifte sie den Jungen den Boden entlang und sagte: "In Jesu Namen, geh! Du wirst gehen! In Jesu Namen, geh!" Jeden Abend kniete sie vor ihrem Bett nieder und betete: "Vater, bitte tu für diesen Jungen ein besonderes Wunder und gib ihm ein ungewöhnliches Talent. Ich möchte, daß du ihm ein ungewöhnliches Talent gibst." Drei Jahre lang betete und bekannte sie das jeden Tag.
Als sie dann eines Abends schon im Bett lag, hörte sie jemanden Klavier spielen wie Liberace. Sie fragte ihren Mann: "Hörst du das? Du hast den Fernseher angelassen." Er glaubte zwar, daß er ihn ausgeschaltet hatte, aber sie standen trotzdem auf, um nachzusehen. Da sahen sie einen Jungen am Klavier sitzen, der besser spielte als Liberace. Gott war ihm mitten in der Nacht begegnet und hatte ihn geheilt. Er hatte seine deformierten Glieder gerade gemacht, ihn zum Klavier gehen lassen, und der Junge hatte begonnen zu spielen.
Ist es nicht wunderbar, was der Herr an diesem Jungen getan hat? Dasselbe will Er auch für dein Kind tun! Es ist auch nicht nötig, daß ein Pastor dich besucht und für das Kind betet, damit Gott es heilt. Leg die religiösen Vorstellungen ab und erkenne, daß das Wort Gottes für dich gilt. Sei mutig und bewahre die Bibelworte in deinem Herzen und sprich sie mit dem Mund aus (Sprüche 4,21). Das mußt du selbst tun - du mußt Gott selbst glauben und deine Stellung als Haupt deiner Familie einnehmen! Drei Jahre lang hatte eine einundachtzigjährige Frau über ihren mißgebildeten Jungen Heilung bekannt. "In Jesu Namen, geh! Körper, ich sage dir, sei gerade und gesund, du befindest dich in meinem Haus, in dem ich die geistliche Autorität habe. Verstand, sei geheilt." Jeden Tag hatte sie das in diesen drei Jahren getan, und eines Nachts

kam Gott und tat, worum sie gebeten hatte. Du mußt jeden Tag mutig das Wort aussprechen, das auf deine Situation paßt. Wenn du es siegesgewiß und in Liebe sprichst, wird es nicht lange dauern, vielleicht nur ein paar Wochen, bis Gott bei dir und deiner Familie eingreift.

Du kannst Heilung für deinen Ehepartner empfangen

Wenn du verheiratet bist, kannst du für deinen Mann oder für deine Frau die Heilung empfangen, weil ihr beide eins seid. Gott ist so gnädig, daß er deinen Ehepartner heilt, wenn du an seiner Stelle tust, was das Wort sagt.
Einmal lag ein junger Mann im Krankenhaus, den die Ärzte bereits aufgegeben hatten. Ich war als Gastredner in seine Heimatgemeinde gekommen und man hatte mich gebeten, im Krankenhaus für ihn zu beten. Seine Frau war an seinem Bett. Ich betete für ihn und wollte schon gehen, als der Herr zu mir sagte: "Das Wort aus Markus 11,23 kann ihn heilen, wenn es angewendet wird". Als der Herr das zu mir gesagt hatte, wandte ich mich wieder seiner Frau zu: "Junge Frau, der Herr hat mir gesagt, daß das Wort aus Markus 11,23 Ihren Mann heilen kann. Wenn der Heilige Geist tun soll, was in Markus 11,23 steht, muß man diese Stelle laut aussprechen. Dort steht, daß man bekommt, was man bekennt."

> **Markus 11,23**
> **Wahrlich, ich sage euch: Wer zu diesem Berg sagen wird: Hebe dich empor und wirf dich ins Meer! und nicht zweifeln wird in seinem Herzen, sondern glauben, daß geschieht, was er sagt, dem wird es werden.**

"Setzen Sie sich zu Ihrem Mann ans Bett, schauen Sie ihn an und tun Sie, was im Wort steht. Sagen Sie: 'Mein Mann wird leben und nicht sterben, im Namen Jesus.' Sagen Sie es immer wieder mit Überzeugung. Auch wenn Sie es tausendmal jeden Tag, tagaus, tagein bekennen müssen. Bleiben Sie dabei, dann wird er leben und nicht sterben."

Ich sah zu, daß sie es aussprach, und dann mußte ich gehen. Mir war klar, daß dieser junge Mann nicht sterben würde, solange sie in ihrem Bekenntnis stark blieb. Hätte sie aufgehört, weil es ihr, nachdem sie das Wort vielleicht hundertmal bekannt hatte, zu anstrengend gewesen wäre, so wäre ihr Mann gestorben.

Wenn man in Not ist und das Wirken des Heiligen Geistes braucht, darf einem das Aussprechen der Bibelworte nicht langweilig werden. Manch einer mag einwenden: "Aber man braucht es ja nicht so oft zu sagen, Bruder Norvel. Es reicht doch, wenn man es glaubt." Was ist denn dabei, es auszusprechen? Denk daran, der Glaube hat Werke (Jakobus 2,17). Ich weiß, daß man Gott für eine Sache glauben kann, einmal darum bitten und dann dafür danken kann. Das meine ich nicht. Ich spreche von einer Notsituation, in der Gott mir genaue Anweisung gegeben hat, wie ich den Sieg bekomme.

Ein halbes Jahr später kam ich wieder in dieselbe Gegend. Bevor der Pastor mich im Gottesdienst vorstellte, kündigte er an: "Bevor Bruder Norvel heute abend lehrt, möchte ein junger Mann von einer Erfahrung mit Gott berichten."

Eine Ehefrau läßt ihren Mann nicht sterben

Ein junger Mann kam zur Kanzel und begann: "Vor einigen Monaten war ich im Krankenhaus und lag im Sterben. Die Ärzte hatten die Hoffnung schon aufgegeben und dies auch meiner Frau mitgeteilt. Norvel Hayes, der heutige Gastredner, predigte damals hier in der Gemeinde. Der Pastor ließ ihn zu mir auf die Intensivstation kommen, und er brachte meiner Frau bei, wie man eine Schriftstelle bekennt. Sie saß an meinem Bett, bekannte das Bibelwort, und der Heilige Geist heilte mich."

Als er sich wieder gesetzt hatte, stellte ich seiner Frau einige Fragen über seine Heilung, um so die Gemeinde zu lehren. Ich wollte auch gern ihre Antworten hören. Ich interessiere mich immer dafür, auf welche Weise Gott arbeitet. Ich fragte, ob sie die Schriftstelle, die ich ihr gegeben hatte, immer weiter

bekannt hatte. Ihre Antwort war: "Ja, tausende Male, stundenlang, tagsüber und auch nachts. Ich habe genau das getan, was Sie gesagt haben."
Das nenne ich auf Gottes Wort achten und es nicht aus seinen Augen verlieren (Sprüche 4,20 - 22). Gott ermahnt dich, Sein Wort mitten im Herzen zu behalten, und dann wirst du es mit deinem Mund aussprechen. Wenn du das Wort Gottes bekennst, wird der Heilige Geist es in deinem Leben wirksam werden lassen.
Ich fragte die Frau: "Wie lange haben Sie bekannt, daß Ihr Mann leben und nicht sterben würde, bis eine Besserung eintrat? Als ich damals wegging, atmete er nicht ganz regelmäßig." Sie hatte das Wort zwei Stunden lang bekannt, bis seine Atmung etwas regelmäßiger wurde. Das war schon ein gutes Zeichen, denn bereits zwei Tage und zwei Nächte lang hatte er nur hin und wieder geatmet. Die Ärzte gaben ihm schon keine Medikamente mehr, denn sie meinten: "Machen Sie sich keine Hoffnungen, jeder Atemzug könnte sein letzter sein. Er wird ein letztes Mal einatmen, und das war es dann." Doch die Frau gab nicht auf und nachdem sie das Wort Tag und Nacht immer wieder bekannt hatte, wurde seine Atmung wieder normal. Sie erzählte: "Ich bekannte es, bis ich müde wurde. Dann ruhte ich mich ein, zwei Minuten aus und begann von neuem genau das auszusprechen, was Sie mir gesagt hatten: 'Mein Mann wird leben und nicht sterben. In Jesu Namen, mein Mann wird leben und nicht sterben.'"
Jesus hat versprochen, daß wir bekommen, was wir bekennen. Die Kraft des Bekenntnisses liegt darin, daß wir die Worte aussprechen. Jesus sagt in Markus 11,23, daß uns werden wird, was wir sagen. Das bedeutet: Was wir sagen, werden wir bekommen, es wird unser Besitz oder unser Eigentum werden. Du magst einwenden: "Ich habe schon viele Menschen im Krankenhaus gesehen, die gestorben sind." Das mag sein, aber du hast noch niemanden sterben sehen, für den anhaltend und entschlossen gebetet wurde, so wie die Ehefrau des jungen Mannes, die tagelang ohne nachzulassen entschlossen sagte: "In Jesu Namen, mein Mann wird leben und nicht sterben." Eine Person, für die ein solches Opfer gebracht wurde,

hast du noch nie sterben sehen, weil der Heilige Geist das Wort Gottes erfüllt.
Manche Menschen beten zu nachlässig. Sie denken: "Dieser Mr. Hayes ist ja ein netter Mann, er reist herum und sagt den Menschen, daß man viel bekennen muß, aber mein Pastor würde ihn nicht bei uns in der Gemeinde sprechen lassen. Ich werde einmal ein bißchen bekennen und dann wird schon alles gut gehen."
Nach kurzer Zeit werden sie jedoch des Bekennens müde, lassen sich ablenken und holen sich vielleicht eine Cola. Aber so funktioniert das nicht. Wenn du unbedingt eine Cola brauchst, sieh zu, daß dir vielleicht jemand eine Cola bringen kann, aber laß dich auf keinen Fall ablenken.
Stell dir vor, daß eines Tages vielleicht jemand aus deiner Familie im Sterben liegt und niemand da ist, der ihm wirklich helfen kann. Dann mußt du bereit sein, den Preis des Glaubens und des Bekennens zu zahlen und Ausdauer beweisen. Ich garantiere dir, der Heilige Geist wird sein Werk tun.
Vor einiger Zeit ließ ich übrigens den Arzt dieses jungen Mannes bei uns in der Bibelschule von dieser Erfahrung berichten. Er bestätigte, daß der Mann Jugendleiter in seiner Gemeinde ist und daß er von Gott völlig begeistert ist. Gott sei Dank für eine Ehefrau, die sich weigert, ihren Mann sterben zu lassen.

Kapitel 14

Zeige Gott dein Vertrauen

Du mußt dein Vertrauen Jesus gegenüber ausdrücken und dies kannst du auf vielerleiweise tun. Vor vielen Jahren klopfte eines morgens ein mir gut bekannter Pastor einer Pfingstgemeinde an unsere Haustür. Ich selbst war zu der Zeit nicht Mitglied einer Pfingstgemeinde, sondern der Gemeinde, in der ich aufgewachsen war. Er sagte: "Bruder Norvel, gestern habe ich eine Frau kennengelernt, die unter starken Angriffen des Teufels leidet. Es sieht so aus, als liege sie im Sterben. Ihr Mann ist auf einer Geschäftsreise, sie kann nicht aufstehen und ihre beiden kleinen Kinder haben nichts zu essen."

Er fuhr fort und sagte: „Als ich in der Gemeinde betete, sagte der Herr, daß ich dich holen soll, damit du ihr die Hände auflegst und betest. Deshalb bin ich jetzt hier."

Ich war überrascht, denn schließlich war er Pfingstler und ich dachte, daß er Gott besser kenne als ich. Darum fragte ich ihn: "Warum betest du nicht für diese Frau?" "Ich habe ja für sie gebetet, aber es ist nichts passiert," antwortete er. "Der Herr hat zu mir gesagt, daß ich dich holen solle, damit du ihr die Hände auflegst und deshalb bin ich hergekommen." "Du willst mich wohl auf den Arm nehmen?", entgegnete ich, aber er blieb dabei: "Nein, Bruder Norvel, der Herr hat gesagt, ich soll dich holen. Es geht ihr ja so schlecht, sie kann nicht aus dem Bett und sie hat überall Schmerzen."

Schließlich war ich überzeugt, daß Gott wirklich zu ihm gesprochen hatte und wir verabredeten uns, in einer halben Stunde in der Gemeinde zu sein. Als wir dort angekommen waren, besorgten wir zuerst etwas zu essen für die Kinder. Danach machten wir uns auf den Weg zu dieser sterbenskranken Frau, die noch nie eine Pfingstgemeinde besucht hatte.

Die Frau lag in ihrem Bett und stöhnte vor Schmerzen. Sie war sehr hübsch und zwischen dreißig und fünfunddreißig Jahre alt. "Oh, ich fühle mich so schlecht, es ist kaum zum Aushalten, alles tut weh", klagte sie. Der Pastor war ganz ruhig und

kniete sich vor das Bett. Das gleiche tat der Lobpreisleiter der Gemeinde, der uns begleitete. Ich selbst wußte nicht genau, was ich tun sollte, denn so gut kannte ich Gott noch nicht. Der Pastor bat mich: "Bruder Norvel, der Herr will, daß du für sie betest, und wir machen uns eins mit dir."
Ich ging zum Kopfende, streckte meine Hand aus und sagte: "Satan, du läßt diese Frau sofort in Ruhe. In Jesu Namen befehle ich dir, daß du deine Finger von ihrem Körper läßt. Herr Jesus, laß deine Heilungskraft fließen." Mein rechter Arm und meine rechte Hand wurden warm und die Kraft Gottes begann durch meine Hände in den Körper der Frau hineinzufließen. Die Frau begann zu zittern und die Kraft Gottes schüttelte sie samt ihrem Bett einige Minuten lang ganz gewaltig. Danach sagte sie: "Was kommt da in mich hinein? Irgendetwas strömt in mich hinein. Es beruhigt mich und der Schmerz verschwindet." Ich verriet ihr: "Meine Liebe, das ist Jesus, der sie jetzt gerade heilt, können Sie es spüren?" Sie antwortete: "Ja, ich werde geheilt! Die Schmerzen verschwinden!" Zwei, drei Minuten stand ich da, während die Kraft weiter in sie hineinfloß, bis der Schmerz gänzlich aufhörte und sie vollkommen geheilt war. Sie hörte auf zu zittern, und auch das Bett wackelte nicht mehr. Dann atmete sie tief ein und rief: "Unglaublich! Ich bin geheilt! Ich habe gar keine Schmerzen mehr, alles ist weg!"
Während wir ins Wohnzimmer gingen, sagte ich noch zu ihr: "Sie sind jetzt gesund, ist Ihnen das klar? Gesunde Menschen bleiben nicht im Bett liegen, sie ziehen sich an und tun ihre Hausarbeit." "Da haben Sie Recht", erwiderte sie.

Gib Gott die Ehre

Beim Hinausgehen machte ich die Tür zu und wir machten zu dritt das Essen für die Kinder fertig. Nach einiger Zeit kam die Frau fertig angezogen aus dem Zimmer. Ich hatte so etwas noch nie in meinem Leben gesehen: Sie ging einfach an uns vorbei, ohne uns weiter zu beachten. Man hätte denken können, daß sie jetzt ein großes Aufheben um uns machen würde, aber sie wußte genau, daß Gott das alles getan hatte und so erübrigte sich das.

Geradewegs ging sie auf die Spüle mit dem schmutzigen Geschirr zu, ließ Spülwasser ein und fing an abzuwaschen. Während sie so arbeitete und gleichzeitig dem Herrn ein Lied sang, stieg auf übernatürliche Weise die Freude des Herrn in ihr auf. Sie sang und sang. Der Pastor wollte mit ihr reden, aber sie sang einfach weiter für den Herrn. Als wir sie verließen, war sie immer noch fröhlich bei der Arbeit, jauchzte und sang dabei, so laut sie konnte. So dankte sie dem Herrn und pries Ihn für ihre Heilung.

Die Lust kommt beim Tanzen

Die Freude am Herrn ist deine Kraft (Nehemia 8,10). Ich sorge dafür, daß ich keinen schlechten Tag habe. Wenn der Teufel, der ja bekanntlich ein Lügner ist, mir den Tag vermiesen will, reagiere ich, indem ich sage: "Im Namen Jesu, das wirst du nicht tun. Ich nehme dein schlechte Laune nicht an und ich binde dich. Du Geist der Bedrückung, verlasse mich, du kannst bei mir nichts ausrichten." Dann beginne ich, obwohl ich dazu eigentlich gar keine Lust habe und mir zum Heulen ist, vor dem Herrn zu tanzen, zwei, drei Minuten lang.
Du mußt dich dagegen wehren und anfangen, vor dem Herrn zu tanzen. Wir richten uns nicht nach unseren Gefühlen, denn wir wandeln ja durch Glauben, nicht durch Schauen (2. Korinther 5,7), so wie David, der mit aller seiner Kraft vor dem Herrn tanzte (2. Samuel 6,14). Tanze auch du zwei, drei Minuten lang, hebe die Hände, gehe umher und bete Gott an. Bete den Herrn an, preise Ihn und lobe den Namen Jesus, indem du sagst: "Ich preise dich, Jesus, ich liebe dich, Herr, und preise dich, Jesus."

Sing dem Herrn ein Lied

Nach dem Tanzen singe ich dem Herrn ein Lied, wozu uns das Wort Gottes sehr stark ermutigt:

Psalm 81,2
Jubelt Gott, unsere Stärke! Jauchzet dem Gott Jakobs!

Psalm 89,2
Die Gnadenerweise des Herrn will ich ewig besingen, von Geschlecht zu Geschlecht mit meinem Mund dein Treue verkündigen.

Psalm 95,1 - 2
Kommt, laßt uns dem Herrn zujubeln, laßt uns zujauchzen dem Fels unseres Heils! Laßt uns vor sein Angesicht treten mit Dank! Laßt uns mit Psalmen Ihm zujauchzen!

Psalm 98,1
Singt dem Herrn ein neues Lied, denn er hat Wunder getan! Ihm half seine Rechte und sein heiliger Arm.

Psalm 98,4
Jauchzt dem Herrn, alle Welt! Seid fröhlich und jauchzt und spielt!

Gott hört mir gern zu, auch wenn ich nicht singen kann. Ich singe Ihm, weil die Freude an Ihm meine Kraft ist. Zeige dem Herrn, daß du Ihm vertraust und demütige den Teufel, indem du den Mund aufmachst: "Du bist ein Lügner, Satan, und ich binde dich im Namen Jesu!" Laß keinen Einfluß des Teufels zu, sei es auch nur eine Befürchtung oder ein körperlicher Schmerz. Wenn du dir klarmachst, daß dir der Sieg schon gehört, anstatt nur darauf zu hoffen, zeigst du Gott dein Vertrauen.

Kapitel 15

Bleib da, wo der Segen ist

Manche Menschen sind genau am richtigen Ort, das weiß ich und diese Menschen haben einen besonderen Platz in meinem Herzen. Auch Jesus weiß, daß sie am richtigen Ort sind. Auf der anderen Seite gibt es viele Christen, die noch nie etwas darüber gehört haben, wie man von Gott empfängt oder, daß man überhaupt etwas von Ihm empfangen kann.
Sie wissen nichts über Anbetung, Vollmacht über den Teufel und Festhalten am Worte Gottes, obwohl das alles in der Schrift steht. Menschen glauben nur das, was man sie zuvor gelehrt hat. Dazu lesen wir:

> **1. Korinther 12,2**
> **Ihr wisset, daß ihr, als ihr Heiden waret, euch zu den stummen Götzen hinziehen ließet, wie ihr geleitet wurdet (Schlachter).**

Hier ist die Rede von Leitung und nicht etwa von Zwang. Du solltest darauf achten, unter wessen Leitung oder welche Lehre du dich begibst.

Zur rechten Zeit am rechten Ort

Meine Mutter ist im Alter von siebenunddreißig Jahren an Krebs gestorben. Ich betete drei Tage lang, um zu erfahren, warum sie gestorben ist. Jesus antwortete mir, daß es an der Gemeinde gelegen habe, die sie besuchte. Diese Gemeinde hatte Jesus lieb, aber den Herrn lieben ist eine Sache, Heilung von ihm zu empfangen eine andere. Willst du geheilt werden, so mußt du Jesus jeden Tag als deinen Heiler bekennen, ohne dich dessen zu schämen. Auf diese Weise machst du ihn zu deinem lebendigen Heiler.
Es fällt mir leicht, als Geschäftsmann Erfolg zu haben, weil ich ständig bekenne, daß Jesus der Chef meines Unternehmens

ist: "Jesus, du bist der beste Geschäftsmann, der mir jemals begegnet ist. Du zeigst mir, wie und wo ich mein Geld investieren soll. Ich bin nicht habgierig, und ich bin nicht davon abhängig, auch nur ein weiteres Geschäft in meinem Leben abzuschließen. Ich nehme die Bibel und höre auf den Heiligen Geist und werde tun, was du willst. Du bist immer noch der beste Geschäftsmann, den ich kenne, und jedesmal, wenn ich gemäß deinem Willen investiere, werde ich ohne besondere Anstrengung reichlich Gewinn machen, so möchte ich investieren.
Ich bitte dich, gehe du mir jetzt voraus und besorge mir Geschäfte, an denen ich noch nicht einmal arbeiten muß, denn meine Zeit verbringe ich ja damit, Menschen für dich zu gewinnen. Jesus, du bist der beste Geschäftsmann, den ich kenne."

Auf diese Weise verdiene ich viel mehr, als zu der Zeit, als ich mich noch zum Sklaven meiner eigenen Firma machte. Jesus wird so für mich der beste aller Geschäftsleute. Genauso wird er dein Heiler oder dein Wundertäter, wenn du es bekennst. Er ist für dich jetzt das, was du sagst.

Die Situation, in der du dich jetzt gerade befindest, ist das Resultat deines Verhaltens. Es liegt weder an Gott, noch am Teufel, auch nicht an mir oder deinen Freunden, sondern es liegt an dir, weil du nicht dort warst, wo biblisch gelehrt wurde. Du mußt lernen, zur rechten Zeit am rechten Ort zu sein.

Eine Sängerin, die mich bei meinem Reisedienst begleitete, traf die Entscheidung, ihre Flugtickets selber bezahlen zu wollen. Ich sagte ihr, daß diese Entscheidung ihr sehr viel Segen im Dienst für den Herrn bringen würde. Du mußt in der Nähe des Segens bleiben, wenn du etwas von Gott empfangen willst. Elisa blieb bei Elia und bekam eine doppelt so starke Salbung wie Elia (2. Könige 2).

> **Sprüche 13,20**
> **Wer mit Weisen umgeht, wird weise; aber wer sich mit Toren einläßt, dem wird es schlechtgehen.**

Hätte der Mann mit den Klumpfüßen nicht am Wort aus Jakobus 5, 14-15 festgehalten, so hätte er keine neuen Füße bekommen. Gott sprach einmal zu mir: "Mein Sohn, ich werde jeden mächtig segnen, der dich liebt und dir Gutes tut. Ich berufe und salbe dich, ich setze dich ein, in das Amt eines Lehrers."

Vor ein paar Jahren, in der Stadt Columbus, kam der Herr direkt durch die Wand in mein Motelzimmer. Ich hatte neben dem Bett kniend gebetet und bekam solch einen Schreck, daß mir ein ganzes Büschel Haare ausfiel und ich Muskelzucken bekam. Ich sprang aufs Bett, bohrte meine Fersen in die Bettdecke und bewegte mich rückwärts auf die Wand zu. Ich wußte nicht, daß Gott Seine Gegenwart so offenbaren könnte, daß man davor erschrickt. Der Heilige Geist bewegte mein Inneres und Tränen strömten über mein Gesicht. Ich konnte nichts sehen, und ich hatte ein Gefühl, als ob mein Gesicht zerfließen würde. Der Herr begann mit hörbarer Stimme zu mir zu sprechen. Ich habe das alles nicht geträumt, sondern Gottes Stimme wirklich gehört.

Natürlich hat sich alles erfüllt, was Er gesagt hat - wie immer, wenn Gott redet. Folgendes hat Er gesagt: "Mein Sohn, ich habe dich aus dem Dreck gezogen und deine Füße von den Fesseln, die dich gefangen hielten, befreit. Jetzt werde ich dich erhöhen. Wie von einem großen Berg soll das Licht Gottes von dir auf viele Menschen auf der Erde scheinen. Geh in Frieden in Jesu Namen."

Gleich nachdem Er den Satz beendet hatte, war Er nicht mehr da. Gott war gekommen wie ein Wind, hatte mir diese Dinge gesagt, und war genauso wieder verschwunden. Ich blieb zitternd, weinend und nach Luft schnappend auf dem Bett zurück. Es dauerte fünf Minuten, bis ich überhaupt wieder sehen konnte. "O mein Gott, was hast du mit mir vor?"

Was ich als Kind über Religion gelernt habe, hat mir kaum weitergeholfen, aber Gott hat mir später Seine Weisheit gezeigt. Ich muß gestehen, daß ich auch heute noch nicht sehr klug bin, aber Gott, der in mir lebt, weiß alles. Mein Wissen reicht nicht dazu aus, kostbare Seelen zu retten und verkrüppelte Beine zu heilen, doch Jesus kann es und er kann dir sogar einen ganz neuen Körper geben. Das, was dich befähigt, ist das Wort Gottes und Jesus ist das Wort Gottes (Johannes 1,14). Deshalb mußt du in eine Gemeinde gehen, in der die Lehre und Taten Jesu ohne jede Einschränkung gepredigt werden.

Kapitel 16

Bleib da, wo die Gaben sind

Heilung kann auf verschiedene Art und Weise geschehen, zum Beispiel durch die Gaben des Geistes, insbesondere die Gaben der Heilungen und der Wunderkräfte. Gott hat der Gemeinde die Gaben gegeben, damit sie diese ausschließlich gemäß dem Willen des Heiligen Geistes gebraucht:

1. Korinther 12, 4, 7-9 und 11
4 Es gibt aber Verschiedenheiten von Gnadengaben...
7 Jedem aber wird die Offenbarung des Geistes zum Nutzen gegeben.
8 Dem einen wird durch den Geist das Wort der Weisheit gegeben, einem anderen aber das Wort der Erkenntnis nach demselben Geist;
9 einem anderen aber Glauben in demselben Geist, einem anderen aber Gnadengaben der Heilungen...
11 Dies alles aber wirkt ein und derselbe Geist und teilt jedem besonders aus, wie er will.

Sobald über die Gnadengaben gelehrt wird, wirkt der Heilige Geist übernatürlich durch sie, weil Sein Wort gelehrt wurde. Wenn man nicht über die Gaben des Geistes spricht, kann man nicht viel von Gott empfangen. Die Gaben des Geistes sind die Waffen unseres Kampfes und wir müssen sie wie einen sehr kostbaren Schatz behandeln. Ohne sie bleibt unsere Beziehung zu Gott auf der natürlichen Ebene. Unser christliches Alltagsleben begrenzt sich dann auf Gemeindeaktivitäten, Treffen der Ältesten, Liedersingen oder Choreinlagen und vielleicht hörst du dir noch eine Botschaft von Dr. Wirrwarr an, der verwirrt ist, weil er sich nur nach Menschenmeinungen richtet. Genau wie ich bist du nur ein kleiner Mensch auf dieser Erde und kannst Gott niemals irgendwelche Vorschriften machen, auch wenn in dir eine große Kraft wirksam ist. Du bist nicht der Chef, sondern du sollst Gottes Anweisungen befolgen.

Mehr brauchst du nicht zu tun. Gott hat das Sagen und deshalb solltest du Jesus zum Herrn deines Lebens machen und Seinen Geboten gehorchen. Mache Ihn zum Oberhirten über alle Gemeinden, denn sonst hast du schon jetzt große Schwierigkeiten.
"Es geht mir ganz gut, Bruder Norvel, meine Schwierigkeiten sind lange nicht so groß wie du denkst." Ich meine nicht einfach irgendwelche Probleme, sondern ich spreche davon, daß Gott in deinen Versammlungen nicht erlebbar ist und die Menschen gesegnet werden durch die Gegenwart Gottes.
Der normale, natürliche Ablauf ist vielleicht gegeben, aber daß Menschen mit verdrehten Gliedmaßen während des Gottesdienstes geheilt werden, kommt nicht vor. Doch genau das ist der Wille Gottes für sie. Jesus liebt diese kostbaren Menschen. Er will, daß Seine Kraft sie berührt, sie verändert und ein Wunder an ihnen geschieht. Sie haben ein Recht auf ein solches Wunder, das mußt du wissen, wenn du wiedergeboren bist und erst recht, wenn du im Heiligen Geist getauft bist. Jesus will dieses Wunder tun, denn es ist nicht der Wille Gottes, daß jemand verlorengeht (2. Petrus 3,9), oder daß irgend jemand krank bleibt.

3. Johannesbrief 2
Geliebter, ich wünsche, daß es dir in allem wohlgeht und du gesund bist, wie es deiner Seele wohlgeht.

Apostelgeschichte 10,38
Jesus von Nazareth, wie Gott ihn mit Heiligem Geist und Kraft gesalbt hat, der umherging und wohltat und alle heilte, die von dem Teufel überwältigt waren; denn Gott war mit ihm.

Geh dahin, wo die Gaben gelehrt werden

Ein Freund von mir, der Pastor in einer Baptistengemeinde in Louisiana ist, fing an über die Geistesgaben zu lehren und für die Kranken zu beten. Gewöhnlich besuche ich seine Gemeinde ein- bis zweimal im Jahr und ich tue das sehr gern, weil er ein so guter Pastor ist. Diesmal hatte er mich als Redner zu einer Missionskonferenz eingeladen. Eines Abends sprach ich vor ungefähr zweitausendfünfhundert Besuchern, als plötzlich einige Menschen in der Mitte des großen Versammlungssaales aufstanden. Ich fragte, was dort los sei, und sie antworteten: "Ein gehbehindertes Mädchen ist aufgestanden!" "Preist Seinen heiligen Namen! Jesus ist begeistert, wenn behinderte Mädchen aufstehen. Sagt ihr, sie soll auf die Bühne kommen. Komm her, kleiner Schatz."

Das Mädchen, das ungefähr vierzehn Jahre alt war, kam mit einem etwa sechzehn Jahre alten Jungen den Gang entlang zur Bühne. Er erklärte: "Das ist meine behinderte Schwester. Ich habe ihr geholfen, hierher zu kommen. Ich bringe sie überall hin. O Gott, ich habe sie hierhergebracht." Sie weinte, während sie, so normal wie jeder andere, nach vorne gelaufen kam. Ihr Bruder konnte es kaum glauben, doch jeder, der sie nach vorne zur Bühne laufen sah, wußte, daß ihre Behinderung der Vergangenheit angehörte. Ich wollte von ihr wissen, was passiert war. Sie sagte: "Ich weiß nicht. Ich saß nur mit meinem Bruder da und hörte zu, wie Sie lehrten. Plötzlich wurden meine Beine warm. Sie wurden immer wärmer, bis sie schließlich ganz heiß waren. Eine Art Kraft floß in sie hinein. Ich tastete mit der Hand nach ihnen, stemmte mich hoch und stand auf. Während ich das tat, wurden meine beiden Beine völlig normal!" Gelobt sei der Herr für immer!

Diese Heilung ist ein Beispiel für die Gabe der Wunderkräfte, die der Gemeinde gegeben ist. Man muß nicht dafür beten, denn alle Gaben sind ja für uns da, wir müssen nur glauben, und der Heilige Geist wird wirken.

Der Heilige Geist offenbart sich nicht immer so, wie du und deine Gemeinde es erwarten. Er richtet sich nicht nach dir und deiner Gemeinde, sondern nach den vier Evangelien und dem übrigen Neuen Testament. Er ist eins mit dem gesamten Wort Gottes. Unwissenheit hält den Heiligen Geist davon ab, sich dir zu offenbaren.

Hosea 4,6
Mein Volk kommt um aus Mangel an Erkenntnis.

Gibt es nicht vielleicht doch irgendwo auf der Welt einen Menschen, den Gott nicht heilen will? Nein, so etwas läßt Gott nicht zu!

1. Korinther 12,7
Jedem aber wird die Offenbarung des Geistes zum Nutzen gegeben.

Da steht nicht: 'Jedem außer dir', sondern jedem und das bedeutet auch dir. Jesus möchte dich jetzt heilen. Sein Verlangen, dich zu heilen, ist so groß, daß er es kaum abwarten kann, bis du dieses Buch zuende gelesen hast.
Bis jetzt habe ich darüber gelehrt, daß Jesus dich durch deinen eigenen Glauben an das Wort Gottes heilen möchte. Kraft Seiner göttlichen Autorität gab er dir Macht über Dämonen und Krankheiten. Das bedeutet, daß du diese Macht anwenden sollst, indem du z.B. dem Teufel täglich entgegnest, daß du keine Krankheit von ihm annimmst und daß Jesus dein Heiler ist.
Die zweite Art der göttlichen Heilung, die ich beschrieben habe, wird wirksam durch die Gnadengaben, insbesondere durch die Gabe der Wunderkräfte und die Gaben der Heilungen.
Der Geist offenbart diese Gaben wie Er will (1. Korintherbrief 12,7) und willst du das erleben, so mußt du in die Gemeinden gehen, wo darüber gelehrt und gepredigt wird. Je mehr das geschieht, desto mehr wird der Heilige Geist die Gaben offenbaren.

Schöpferische Wunder durch die Geistesgaben

Vor kurzem lehrte ich an einer großen Bibelschule über die Geistesgaben. Alle Plätze waren besetzt und ich hatte schon eine Weile gesprochen. Plötzlich sprach der Herr zu mir, daß er in diesem Augenblick Menschen heilen würde. Begeistert rief ich: "Preis dem Herrn! Jesus hat gesagt, daß Er gerade jetzt jemanden heilt!" Eine Frau, die stark berührt war, brach daraufhin in Tränen aus und wurde geheilt. Ich sagte den Zuhörern, daß sie das Wirken der Heilungskraft Jesu beobachten sollten, und wir sahen alle zu, wie die Kraft Gottes an ihr arbeitete. Danach wurden überall im Saal Menschen vom Herrn geheilt. Ich war sehr geduldig und ging, immer den Herrn preisend, auf und ab. Geduld ist die Voraussetzung dafür, daß Gott richtig wirken kann. Hast du keine Geduld, so wird der Herr dich zwar alles selbst machen lassen, aber es wird nicht vielmehr als eine kleine Segnung dabei herauskommen. Auf diese Weise kann der Herr kein Kreativwunder tun. Gott will heute ein solches Wunder an dir tun! Jesus kann dir ein neues Herz geben, wenn du ihm vertraust, doch solche Wunder tut Er nur dort, wo man sich nicht schämt, über die Gaben des Geistes zu predigen und zu lehren.

Es kommt vor, daß Gott bei auswärtigen Lehrveranstaltungen zu mir sagt, daß ich Ihm an diesem Abend Raum geben soll, damit Er ein Kreativwunder wirken kann. Das tut Er nicht sehr oft, denn nur wenige Gläubige können damit richtig umgehen; die meisten Gemeinden sind dazu noch nicht reif. Es fehlt ihnen an Predigten und Lehre zu diesem Thema. Ich garantiere dir, daß du nicht mehr derselbe bist, wenn du jemals ein solches schöpferisches Wunder miterlebt hast. Für solche Wunder braucht der Heilige Geist eine Atmosphäre der Stille und der Anbetung wie im Allerheiligsten. Dann schafft Er neue Rippen, neue Herzen, neue Füße und neue Augen.

Der Herr will die Atmosphäre bestimmen, wenn Er so mächtig wirkt. Vor einigen Jahren sagte Er zu mir: "Ich tue keine Kreativwunder in einer Atmosphäre, die bestimmt ist von eigenen Aktivitäten, wie Klavierspielen, Herumlaufen oder anderen Dingen. Entweder bekomme ich die Ehre, oder ich bekomme sie nicht!" Der Herr gibt dir alles, was du willst - wenn du Ihn achtest und nicht einfach tust, was dir paßt. Gott tut alles, was das Wort sagt, wenn man Ihm glaubt und Ihm die Ehre gibt. Manchmal legt Er Menschen für zwei Stunden flach auf den Boden und wirkt an ihnen. Er entfernt Krebs und schafft neue Organe. Dabei ist die Gegenwart Gottes so stark, daß man es kaum aushalten kann. Man möchte sich nur vor Gott niederwerfen und so liegenbleiben.

Die meisten Christen wissen gar nicht, daß Gott schöpferische Wunder tun will, doch er will sogar jetzt an dir handeln, während du dieses Buch liest. Jesus ist gekommen, um dir zu geben, was du brauchst, denn Er liebt seine Gemeinde, sein Volk. Er will sich immer mit Heilung offenbaren - immer. Sein Herz, Sein ganzes Erbarmen sucht dich, wenn du krank, verloren, oder verzweifelt bist. Ich kann dich nur ein bißchen anleiten, aber Jesus kann dir alles geben, was du willst. Er erfüllt nicht nur grundsätzlich alle deine Wünsche, sondern er will dir jetzt helfen, er ist jetzt da. Er fordert nicht mehr von dir, als daß du wie ein Kind zu Ihm kommst und immer wieder sagst: "Ich glaube, Jesus. Ich glaube, Jesus!"

Jesus liebt Seine Gemeinde. Darüber hat Er jahrelang wiederholt zu mir geredet: "Mein Sohn, die Kraft ist in der Gemeinde, denn Ich habe ihr meine Vollmacht gegeben, und sie hat meinen Namen, worin die Kraft liegt. In dem Namen liegt die Kraft."

> **Johannes 16,24**
> **Bis jetzt habt ihr nichts gebeten in meinem Namen. Bittet, und ihr werdet empfangen, damit eure Freude völlig sei.**

Laß den Herrn heute dein Stimme hören. Laß den Herrn jetzt dein Herz heilen. Hebe dein Hände auf zu Jesus, und laß Ihn zu dir kommen, wenn du zum Beispiel Drogen nimmst. Er wird dich von der Sucht befreien, und du wirst keine Entzugserscheinungen haben, nicht einen Augenblick lang. Jesus will dich jetzt frei machen und dein Verlangen nach Drogen beseitigen. Bist du verzweifelt, weil dich anscheinend überhaupt niemand liebt? Bist du krank und weißt nicht, wo du noch hingehen sollst? Haben die Ärzte die Hoffnung für dich aufgegeben? Ich sage dir: "Der beste Arzt der ganzen Welt ist jetzt hier. Er braucht keine chirurgischen Instrumente, und Er wird dich nicht operieren, sondern dir einfach geben, was du willst und was du brauchst, oder wegnehmen, was du nicht willst oder nicht brauchst.

Laß dich vom Heiligen Geist freisetzen. Menschen können dir nicht helfen, aber der Heilige Geist kann und will alles Nötige

tun. Empfange jetzt von Gott, denn Seine Heiligkeit, Sein Erbarmen und Sein Verständnis übersteigt alles, was dein Verstand erfassen kann. Ehre sei Gott!
Der Herr hat häufig das Verlangen, schöpferische Wunder zu tun, und Er wird es dir sagen, wenn du Ihn suchst. Bist du ein Pastor oder ein Evangelist, dann sage Ihm, daß deine Gemeinde oder dein Dienst für das Wirken des Heiligen Geistes, solche Wunder zu tun, offen ist. Es ist wunderbar das Wort Gottes zu verkündigen und zu lehren, aber wenn der Heilige Geist etwas tun will, muß man Ihm Raum geben und sich nicht dagegen sträuben. Wer sich so öffnet, wird machtvolle Wunder sehen. Halte dich zu den Diensten, die lehren, daß Gott solche Wunder tut, und dann laß *Ihn* wirken!

Kapitel 17

Bleib da, wo man Hände auflegt

Eine andere Möglichkeit, um Heilung zu empfangen ist die der Handauflegung. Das erfordert meiner Meinung nach den geringsten Glauben. Den meisten Glauben braucht man, wenn man geheilt wird, indem man das Wort Gottes in Anspruch nimmt. Durch die Gaben der Heilungen, die ein übernatürliches Eingreifen Gottes darstellen, werden wiederum alle Leiden geheilt. Sie werden dort wirksam, wo über sie gelehrt und gepredigt wird.
Durch den Dienst der Handauflegung sorgt Gott dafür, daß jeder, unabhängig von seinem Glauben, geheilt werden kann. Da bist auch du nicht ausgeschlossen.

Markus 16,18
Schwachen werden sie die Hände auflegen, und sie werden sich wohlbefinden.

Jesus befiehlt dem Ananias Saulus von Tarsus die Hände aufzulegen, um ihm das Augenlicht wiederzugeben.

Apostelgeschichte 9,10-14
10 Es war aber ein Jünger in Damaskus, mit Namen Ananias; und der Herr sprach zu ihm in einer Erscheinung: Ananias! Er aber sprach: Siehe, hier bin ich, Herr!
11 Der Herr aber sprach zu ihm: Steh auf und geh in die Straße, welche die "Gerade" genannt wird, und frage im Haus des Judas nach einem mit Namen Saulus von Tarsus! Denn siehe, er betet;
12 und er hat im Gesicht einen Mann mit Namen Ananias gesehen, der hereinkam und ihm die Hände auflegte, damit er wieder sehend werde.
13 Ananias aber antwortete. Herr, ich habe von vielen über diesen Mann gehört, wieviel Böses er deinen Heiligen in Jerusalem getan hat.

14 Und hier hat er Vollmacht von den Hohenpriestern, alle zu binden, die deinen Namen anrufen.

Manche Menschen machen sich über Heilungsgottesdienste mit Handauflegung lustig. Das bedeutet, sie nehmen das, was Jesus der Gemeinde geboten hat, nämlich in seinem Namen Hände aufzulegen, nicht ernst. Verfolgen wir die Geschichte von Ananias:

Apostelgeschichte 9,15-18
15 Der Herr aber sprach zu ihm: Geh hin! Denn dieser ist mir ein auserwähltes Werkzeug, meinen Namen zu tragen sowohl vor Nationen als Könige und Söhne Israels.
16 Denn ich werde ihm zeigen, wievieles er für meinen Namen leiden muß.
17 Ananias aber ging hin und kam in das Haus; und er legte ihm die Hände auf und sprach: Bruder Saul, der Herr hat mich gesandt, Jesus - der dir erschienen ist auf dem Weg, den du kamst - , damit du wieder sehend und mit Heiligem Geist erfüllt werdest.
18 Und sogleich fiel es wie Schuppen von seinen Augen, und er wurde sehend und stand auf und ließ sich taufen.

Gott sei Dank für den Dienst der Handauflegung, gelobt sei der Name des Herrn! Als ich in einer Abendveranstaltung für Kranke betete, sah ich genau zu, wie der Pastor seine Hände auf Kranke legte, denn in meiner Heimatgemeinde legen wir nirgends die Hände auf, wir schütteln uns höchstens gegenseitig die Hände aus Freundlichkeit. Aber durch Händeschütteln und Freundlichsein wird niemand geheilt.
An diesem Abend nun floß die Heilungskraft Gottes zum ersten Mal durch meine Hände. Ein sehr starkes Kribbeln und Ziehen durchfuhr meine Hände. Ich ging zum Pastor und fragte ihn, was das sein könnte. Über seine Antwort war ich sehr erstaunt: das sei die Heilungskraft Gottes, sagte er und ließ mich dann einer lieben Schwester, die schon lange krank war, die Hände auflegen. Ich tat das im Namen Jesus, und sie fiel zu Boden. Erschrocken rief ich: "O Gott, ich habe ihr

weh getan", aber der Pastor beruhigte mich sofort: "Nein, Norvel, das ist die Kraft Gottes." Bis dahin hatte ich noch nicht einmal zu träumen gewagt, daß Gottes Heilungskraft durch meine Hände fließen könnte, aber sie tat es und sie tut es heute noch. Seitdem habe ich viele Heilungen durch Handauflegung erlebt.

Wie sprichst du von Jesus?

Eines Sonntagmorgens predigte ich vor etwa eintausend Menschen in Pensacola in Florida. Ich predigte über Jesus und während ich noch darüber sprach, daß Jesus Seine Vollmacht der Gemeinde übergeben hat (Matthäus 16,18 - 19), hörte ich eine Stimme in mir, die fragte: "Wie sprichst du von mir?" Das solltest du dich selbst auch fragen: "Wie sprichst du von Jesus?"

Hast du den Mut, Jesus Heiler zu nennen? Würdest du eine ganzseitige Anzeige in deine Zeitung setzen: "Sonntagabend Heilungsgottesdienst. Auch Kranke und Besessene sind herzlich eingeladen."? Wenn du dich schämst, Jesus und Seine Heilungskraft zu bekennen, wird er nie die Gelähmten in deiner Gemeinde heilen. Dann wirst du sie jahraus, jahrein im Rollstuhl zum Gottesdienst bringen und genauso wieder hinausfahren, und sie werden als Gelähmte sterben, weil du Jesus nicht als den Heiler gepredigt hast. Der Herr ist nicht schuld daran und die Bibel auch nicht. Jesus ist der Retter, der Heiler und der beste Arzt. Wie nennst du Ihn? (Matthäus 16,15).

Eine vollständig Gelähmte wird geheilt

Ich predigte also an diesem Sonntag über Matthäus 16. Die Kraft Gottes erfüllte den Raum, während ich predigte, und der Herr leitete mich, einer gelähmten, verkrümmten Frau im Rollstuhl die Hände aufzulegen. Ich wußte noch nicht, daß sie außerdem fast blind war. Ich berührte ihre Stirn mit meiner Hand, und die Kraft des Heiligen Geistes hob sie vor den

Augen der etwa eintausend Gottesdienstbesucher aus dem Rollstuhl und wirbelte sie durch die Luft. Als sie wieder auf dem Boden war, waren ihre Hände, ihre Füße und ihre Augen völlig geheilt!
An jenem Sonntagnachmittag schob sie ihren Rollstuhl zu dem Pflegeheim zurück, wo sie wohnte. Die Bewohner starrten sie an; einige fielen auf die Knie und gaben ihr Leben Jesus, andere knieten nieder und baten Gott, sie ebenfalls zu heilen. Während des ganzen Nachmittags besuchten sie Heimbewohner, voller Erstaunen über das, was Gott getan hatte. Die Gitterstäbe von ihrem Bett, die sie bis jetzt vor dem Herausfallen bewahrt hatten, konnte sie entfernen und heute trägt sie sogar Schuhe mit hohen Hacken. Gott hatte aus einer blinden und verkrümmten, behinderten Frau eine vollkommen gesunde gemacht. Sie hatte keine Ahnung gehabt, daß Gott so etwas überhaupt tun könnte, aber Er hat es getan und Er tut es heute noch. Er läßt Lahme gehen und Blinde sehen, heilt alle Krankheiten, und nichts ist zu schwer für Ihn. Jesus hat gesagt: "Dem Glaubenden ist alles möglich." (Markus 9,23). Jesus verlangt nichts weiter als Glauben. Also glaube Ihm und bleibe da, wo Seine Segnungen sind!

Kapitel 18

Das Evangelium an erster Stelle

Als ich einmal in meinem Missionsbüro in Florida saß, sprach der Herr zu mir: "Dieses Jahr sollst du zu Ostern in der Stadt Fort Lauderdale Traktate an die Studenten verteilen. Tausende von Studenten, die verloren sind und in die Hölle kommen, werden dort sein. Deshalb möchte ich, daß du ihnen Traktate gibst." Ich hatte eigentlich geplant, mir einen neuen Anzug zu kaufen und am Ostersonntag mit meinen Verwandten den Gottesdienst zu besuchen. Danach wollten wir Essen gehen, und dabei wahrscheinlich stundenlang erzählen, denn ich hatte meine Verwandten lange nicht gesehen. Aber als ich hörte, daß ich Ostern nach Fort Lauderdale fahren solle, um dort Traktate zu verteilen, sagte ich einfach: "Ja, Herr, ich gehe! Ich bin bereit, Halleluja!" Das erstaunt dich vielleicht, aber bei Gott gibt es keine Stars. Gott braucht nur Menschen, die bereit sind, Ihm zu gehorchen.

Sei bereit für Gott

Auch wenn du vier Cadillacs, elf Firmen, ein Hausmädchen, drei Wohnhäuser, drei Eigentumswohnungen und genügend Geld für den Rest deines Lebens hättest, solltest du dir nicht zu schade sein, um Traktate zu verteilen. Ich weiß, daß viele Christen sich zu schade wären, deshalb haben sie auch solche Schwierigkeiten, weil sie Gott nicht gehorchen. Das bedeutet nicht, daß du auch Traktate in Florida verteilen sollst. Vielleicht ist das bei dir zur Zeit gar nicht möglich. Der Herr erwartet von dir sowieso nur das, was dir zur Zeit möglich ist. Worauf es ankommt ist, daß du dich zur Verfügung stellst. Wenn du zu allem bereit bist, wird der Herr dich benutzen, um Menschen freizusetzen. Ich liebe es, kleine Dienste für Gott zu tun. Während meiner Gebetszeit bitte ich Gott, mich irgendwo hinzuschicken. Es ist kaum zu glauben, wie weit er dann geht, nur um jemanden durch mich zu segnen. Sei Gott gehorsam, aber tue nichts aus Verdammnisgefühlen heraus, nur weil Bruder Norvel es gesagt hat. Du wirst nicht von mir, sondern vom Heiligen Geist geleitet.

Römer 8,14
Denn soviele durch den Geist Gottes geleitet werden, die sind Söhne Gottes.

Mache dich verfügbar für Gott und sei bereit, alles zu tun, was Er dir sagt, dann wird Gott dir selbst genau sagen, was du tun sollst. Der Heilige Geist wird dich dann vielleicht um sechs Uhr früh wecken und dir sagen, daß du den Menschen auf der Straße von Jesus erzählen .sollst. Wie reagierst du darauf? Sagst du dann: "Nein, das mache ich nicht. Ich spüre zwar, daß ich das tun sollte, aber ich habe einfach keine Lust." Wenn du so antwortest, wird der Heilige Geist sagen: "Wenn du für mich nicht gehen willst, macht das auch nichts." Danach wird dir Jesus noch ein paar Chancen in Form kleiner Aufgaben geben. Lautet dein Antwort dann wieder: "Nein, das mache ich nicht."
Ich fuhr nach Fort Lauderdale und verteilte die ganze Woche Traktate. Ich dachte schon, daß ich der Einzige wäre, den Gott dazu berufen hätte und der gehorsam war. Doch ich fand bald heraus, daß Jesus aus ganz Amerika junge Christen dorthin geschickt hatte, um Traktate zu verteilen. Viele von ihnen erkannten mich und fragten, was ich denn dort machen würde. Ich gab ihnen zur Antwort, daß ich auch Traktate verteile. Daraufhin bettelten sie, daß ich sie lehren solle. Ich hatte reichlich Zeit, weil ich ja die ganze Woche dort war. Ich besorgte also einen Saal mit hundert Sitzplätzen und lehrte sie dort jeden Abend. Die Salbung Gottes kam dort wohl stärker auf mich als jemals zuvor. Tagsüber gingen die jungen Christen an den Strand und brachten Fixer, die kurz vor dem Ausflippen waren und dabei meinten, daß ihr Stoff echt cool sei, mit zu den Veranstaltungen. Ich brachte meinem "Abholtrupp" bei, diese Drogenabhängigen aufzusuchen, sie richtig liebzuhaben und ihnen die Wahrheit zu erzählen.
Man muß nur das Evangelium predigen, nichts weiter. Wenn

du verstanden hast, daß man den Leuten nur sagen muß, was Jesus für sie tun kann, und wie sehr er sie liebt, hat Gott viel mehr Freiraum, um zu wirken.
Ich sagte diesen Drogenabhängigen, daß der Herr der beste Herzspezialist sei, den es gibt und der beste Arzt, den ich kenne. "Er hat genug Liebe, genug Kraft und Interesse an euch, jedes Verlangen nach Stoff in euch auszulöschen und euch freizumachen!" Wenn man so etwas lehrt, kommt der Herr und die Leute fallen flach auf den Boden. Genau so war es auch diesmal. Ich stand lächelnd auf der Bühne und bat den Heiligen Geist: "Pack sie!" Vielleicht findest du meine Art, das Evangelium zu verbreiten etwas ungewöhnlich, aber sie funktioniert. Ich besuchte nie das Priesterseminar oder eine Bibelschule, ich höre einfach darauf, was der Heilige Geist sagt. Der Heilige Geist hat mir gesagt, daß Er mich ausbilden wolle, und Er hat es getan. Ich bin so stürmisch, wenn es darum geht, Menschen zu helfen oder sie zu segnen, weil der Heilige Geist manchmal so stürmisch ist.

Sei bereit, anderen Segnungen zu bringen

Es ist erstaunlich, wo der Heilige Geist dich überall hinschicken kann, um Menschen zu segnen. Gott will nicht, daß du durch Drogenkonsum völlig am Boden bist oder daß du auf der Straße lebst und nichts zu essen hast. Laß dir erzählen, was Er in solchen Fällen zu tun imstande ist.
Ich wollte einmal zu einer Konferenz der Geschäftsleute des Vollen Evangeliums in Kansas City. Am Mittwoch hätte ich fahren müssen, aber der Herr sprach zu mir: "Fahr morgen nicht zu dieser Konferenz, sondern nehme morgen abend an einer Gebetsversammlung in einer kleinen Pfingstgemeinde teil." Ich kannte den Pastor sehr gut; wir hatten schon viel zusammen mit dem Herrn erlebt. Ich entgegnete: "Herr, ich möchte aber morgen zu der Konferenz der Geschäftsleute fahren." Der Herr jedoch blieb dabei: "Fahr nicht! Du sollst zu der Gebetsversammlung gehen." Was hättest du geantwortet? Manche würden sagen: "Ich habe mich schon angemeldet, also gehe ich

nicht zu der Gebetsversammlung, sondern zur Konferenz." Der Herr hätte dann vielleicht erwidert: "Na gut, du kannst hinfahren, wenn du willst." Im Laufe der Zeit hätte Er dich dann noch vier- oder fünfmal gebeten, etwas für Ihn zu tun und wenn du dann jedesmal deinen Willen durchgesetzt hättest, so hätte Er dich schließlich in Ruhe gelassen.
Sollte Gott dir schon jahrelang keine Aufgaben mehr gegeben haben, dann wahrscheinlich deshalb, weil du nur tust, was du selbst willst. Wenn du Gott sowieso nicht gehorchst, warum sollte Er dann seine Zeit damit verschwenden, dir Aufgaben zu geben? Gott sucht Menschen, die Ihm gehorchen.
Ich hatte nicht die blasseste Ahnung, warum Gott wollte, daß ich zu der Gebetsstunde in dieser kleinen Pfingstgemeinde gehen sollte. Ich wäre viel lieber nach Kansas City gefahren, aber ich gehorchte. An diesem Abend predigte der Pastor und rief dazu auf, Jesus als Herrn und Erlöser anzunehmen. Aus der kleinen Versammlung kam eine Frau, die ich nicht kannte, nach vorne und fiel dort vor Gott auf die Knie. Nach dem Gebet kam der Geist Gottes auf mich und ich mußte weinen. Der Herr redete zu mir: "Ich möchte, daß du dieser Frau einhundert Dollar gibst und ihr deinen Tisch und die Stühle schenkst." Weinend holte ich meine Brieftasche hervor und stellte ihr den Scheck, die Augen immer noch voller Tränen, aus. Der Herr sagte zu mir, daß ich dem Pastor den Scheck geben und ihm ebenfalls sagen solle, daß ich der Frau meinen Tisch und meine Stühle schenken würde.

Unentschlossenheit kann gefährlich sein

Ich ging also zu dem Pastor, gab ihm den Scheck und erzählte ihm unter Tränen, was Gott mir gesagt hatte. Ich bat den Pastor, nach dem Gottesdienst einen Wagen mit ausreichender Ladefläche bei mir vorbeizuschicken, um die Möbel abzuholen. Ich wollte nicht bis zum nächsten Tag warten, denn ich wußte, daß ich genau das Richtige tat, und wollte deshalb keine Zeit haben, es mir noch anders zu überlegen.
Unentschlossenheit kann die Ursache dafür sein, daß du den Willen Gottes verfehlst.

Wäre ich zu der Konferenz nach Kansas City gefahren, hätte das den Herrn nicht gegen mich eingenommen. Er liebt mich, und Er liebt dich. Ich hätte hinfahren und mich von den Rednern aufbauen lassen können, aber das wäre nicht der vollkommene Wille Gottes gewesen, sondern Er hätte es lediglich zugelassen. Sein vollkommener Wille für mich war es, an der kleinen Gebetsversammlung teilzunehmen, weil der Geist Gottes es mir gesagt hatte.

Der Pastor sagte der Versammlung: "Viele von euch kennen diese Frau nicht. Ich habe sie mit ihren beiden kleinen Kindern die Landstraße entlanglaufen sehen, als ich hierherfuhr. Ich hielt an, stellte mich vor und fragte sie, wohin sie ginge. Ihre Antwort war: 'Ich weiß nicht. Ich komme aus Deutschland und habe einen amerikanischen Soldaten geheiratet. Wir haben zwei Kinder bekommen, und dann hat er mich verlassen. Jetzt muß ich die Kinder allein aufziehen. Ich habe bei anderen Leuten gewohnt und auch ihre Möbel benutzt, aber heute morgen mußte ich dort ausziehen. Meine Kinder und ich sind dann die Landstraße entlanggelaufen, ohne Essen, ohne Geld und ohne Unterkunft.'" Der Pastor hatte ihr gesagt, daß er ihr und den Kindern ein Zimmer für diese Nacht besorgen würde, und sie mit ihm in die Gemeinde kommen solle.

"Jedesmal, wenn Gott Bruder Norvel hierherschickt, geschieht etwas Gutes. Der Geist Gottes hat ihm aufs Herz gelegt, dieser Frau seinen Tisch, seine Stühle und hundert Dollar zu schenken. Wir müssen auf Gott hören; wer dieser Frau jetzt helfen möchte, möge bitte kommen und ihr etwas geben." Jesus hatte gewußt, daß die Frau an diesem Abend in der Versammlung sein würde, und Er wußte, daß ich Ihm gehorchen würde. Deshalb sollte ich dorthin gehen.

Zehn Tage später kam der Pastor zu mir ins Büro und brachte mich zu dem Häuschen, wo die Frau nun wohnte. Es war schuldenfrei und voll möbliert. Er sagte mir, daß die Frau für sich beten lassen wolle, weil sie wegen ihres gebrochenen Englischs bisher keine Arbeitsstelle fand. Ich war sofort bereit für sie zu beten und versicherte dem Pastor, daß Gott ihr Arbeit verschaffen würde.

Ich sage den Leuten immer, daß sie empfangen werden, wenn

ich für sie bete. Man muß sich bereithalten, sonst verpaßt man den Segen. Ich weiß nicht, wann und welchen Segen du bekommst, denn Gott verrät vieles nicht im voraus, aber eines kann ich dir versichern: An irgendeinem Punkt in deinem Leben, vielleicht dauert es sogar etliche Jahre, wird Gott dir, weil du gehorsam bist, etwas schenken, das so groß ist wie ein Ferienappartement an der Küste.
Das Wort Gottes muß Vorrang in deinem Leben haben. Bete nicht darüber, ob du die Bibel lesen sollst, ob du in den Gottesdienst gehen sollst, oder ob du von Tür zu Tür gehen sollst. Das Wort Gottes gilt immer, sowohl vor als auch nach dem Beten. Bete nicht darüber, ob du mit Menschen über Jesus reden sollst, oder ob du eine Evangelisation abhalten sollst, denn damit gibst du nur dem Teufel die Möglichkeit, zu dir zu reden. Er wird sagen: "Ach, die Evangelisation hat bis nächsten Monat Zeit, jetzt ist es noch zu früh dafür, warte noch ein bißchen damit." Wenn du Menschen von Jesus erzählen willst, fang nicht erst an, darüber zu beten, tu es einfach, und wenn du von Tür zu Tür gehen willst, um Traktate zu verteilen, steh einfach aus deinem Sessel auf und geh los.

Dein Stolz kann dich berauben

Der eine oder andere meint vielleicht: "Von Tür zu Tür gehen ist nicht mein Dienst." Ich frage dich: "Kannst du mir Kapitel und Vers dafür nennen?" Darauf bekomme ich zur Antwort: "Nein, aber ich habe nicht das Gefühl, daß es mein Dienst ist." Weil du stolz bist, hast du nicht das Gefühl, daß es dein Dienst ist und dieser Stolz raubt dir die Segnungen Gottes! Leg ihn ab!
Ich verstehe, daß manche es nicht als ihren Dienst sehen, von Tür zu Tür zu gehen, weil sie angeschrien werden könnten. Du klingelst zum Beispiel an einer Tür und sagst: "Ich möchte für Sie beten und Ihnen von Jesus erzählen." Darauf reagieren die Leute vielleicht so: "Jesus! Ich glaube nicht an sowas; und außerdem müßte man Leute wie Sie wegen Hausfriedensbruch festnehmen!" Dann schlagen sie dir die Tür vor der Nase zu. Ich garantiere dir, wenn so etwas passiert, kommt der

Teufel und bearbeitet dich: "Das ist nicht dein Dienst", und du denkst noch, Gott redet zu dir. Wenn du dann mit deinem verletzten Stolz dastehst wie ein begossener Pudel, wirst du ihm Recht geben. Dann willst du in dein Auto steigen und heim zu deiner Gemeinde fahren, wo die Leute nett zu dir sind. Natürlich ist es schön, in eine Gemeinde zu gehen, wo die Leute nett sind, aber die Welt geht verloren! Deshalb mußt du offen sein, überall vom Herrn zu erzählen.

Gott rechnet mit uns

Ich habe eine kleine Mission in der Stadt Crystal River in Florida, wo wir von Haus zu Haus gehen und ältere Menschen für Jesus gewinnen. Eines Tages kam ein Mann in die Mission, und eine Frau fragte ihn: "Kennen Sie Jesus?" "Ja, ich bin Christ, weil ich in Crystal River geboren bin." Er wußte nicht, daß man durch den Geist Gottes von neuem geboren sein muß. Manche Leute haben sich vom Teufel für dumm verkaufen lassen: Unglaublich viele meinen, daß sie Christen seien, nur weil sie im sogenannten christlichen Abendland geboren sind. Gott verläßt sich darauf, daß du und ich solche Menschen erreichen und ihnen zum Leben verhelfen. Gott rechnet mit uns, daß wir bereit sind, das Evangelium zu verbreiten und das Reich Gottes an die erste Stelle zu setzen.

Kapitel 19

Zum Anfassen nahe

Eines Tages erzählte mir einer meiner Freunde, der eine recht große Firma besitzt, daß seine Sekretärin krebskrank sei: "Der Krebs hat sie zerfressen. Sie hat schon zwei Operationen hinter sich, besteht nur noch aus Haut und Knochen und die Haare sind ihr ausgefallen. Die Ärzte sagen, daß sie ihr in diesem Stadium nicht mehr helfen könnten und haben sie zum Sterben nach Hause geschickt." Dann fragte er: "Heißt das, daß sie sterben muß?" Ich erwiderte: "Nein, Gott wird sie heilen," und ich willigte ein, für sie zu beten. Daraufhin traf ich sie bei ihm zuhause im Wohnzimmer. Ich begrüßte sie mit meiner Bibel in der Hand: "Nun, junge Frau, soweit ich weiß, haben ihre Ärzte sie zum Sterben nach Hause geschickt." Ich hätte es wohl nicht erwähnt, wenn der Herr mich nicht so geleitet hätte. "Ja, man hat mich zum Sterben nach Hause geschickt, weil sie keine Hoffnung mehr für mich haben."
Nun achte genau darauf, was ich ihr gesagt habe. Eines Tages, wenn der Teufel dein Leben zerstören möchte, wirst du es brauchen können. Denke daran, Angriffe vom Teufel kommen auf jeden Fall, auch wenn du noch so geistlich bist, doch der Sieg hängt allein davon ab, wie du dich verhältst. Ich sagte zu der Sekretärin: "Seien Sie sich über eines im Klaren, Sie müssen nicht sterben, sondern Sie haben die Chance, weiterzuleben. Wenn Sie jedoch nicht das tun, was Jesus sagt, werden sie sterben."
Die Ärzte hatten der Frau durchaus die Wahrheit gesagt, denn aus menschlicher Sicht wäre sie gestorben, wenn sie nichts dagegen unternommen hätte. Würde sie dagegen die Anweisungen des Herrn befolgen, so könnte sie am Leben bleiben. Es ist gleichgültig, in welche Gemeinde du gehst, wenn der Arzt bei dir Krebs feststellt und du akzeptierst die Diagnose, ohne etwas dagegen zu tun, wirst du daran sterben.
Ich sagte also zur Sekretärin meines Freundes: "Ich werde Ihnen beibringen, was Jesus sagt. Sie sind doch von neuem

geboren?" "O ja", antwortete sie. "Ich bin nur ein Lehrer", begann ich," und ohne Gott habe ich überhaupt keine Kraft. Aber ich werde Ihnen beibringen, wie sie leben können."
Für dich gilt genau das gleiche. Jesus lehrt in Matthäus 21,21, daß wir zu dem Berg sprechen sollen. Genau das mußt du auch tun, um etwas zu erreichen. Es geht nicht, wie du meinst, sondern wie Gott es sagt. "Berg" bedeutet in diesem Zusammenhang Problem; in ihrem Fall war es Krebs. Nach Vers 21 muß man als erstes Glauben haben und nicht zweifeln.

Matthäus 21,21
Wenn ihr Glauben habt und nicht zweifelt, so werdet ihr nicht allein das mit dem Feigenbaum Geschehene tun,
sondern wenn ihr auch zu diesem Berg sagen werdet: Hebe dich empor und wirf dich ins Meer! so wird es geschehen.

Genau der Anweisung dieser Schriftstelle folgend sagte ich: "In dem Namen Jesus werde ich diesen Krebs verfluchen. In Seinem Namen befehle ich jetzt dem Krebs aufzuhören zu wachsen." Wie du siehst, habe ich nicht gesagt, daß ich sie heilen werde, sondern daß ich den Krebs in dem Stadium stoppe, wo er sich jetzt befindet. Das kann ich tun, weil Jesus als unser Heiler, uns bevollmächtigt hat, so zu handeln.

Matthäus 18,18
Wenn ihr etwas auf Erden binden werdet, wird es im Himmel gebunden sein.

Wenn man etwas auf der Erde bindet, so ist es im Himmel gebunden. Aus diesem Grund kann man auch Krebs binden und zum Stillstand bringen. Wenn du das geschriebene Wort Gottes im Namen Jesu beanspruchst, beginnt der Heilige Geist zu wirken. Wie sieht das nun praktisch aus, wenn man, wie diese Frau, im Sterben liegt?
Zuerst muß die Krankheit gebunden werden. Das kannst du selbst oder ein anderer für dich tun. Du sprichst zu ihr: "Im Namen Jesus verbiete ich dir, diese Person (mich) umzubringen." Vergiß dabei nicht, daß der Teufel es wirklich nicht tun

darf, wenn du es ihm verbietest. Er kann es nicht tun. Sei nüchtern: Genau wie ich der krebskranken Sekretärin meines Freundes gesagt habe, daß sie selbst dafür verantwortlich ist, ob sie Heilung empfängt oder ob ein Problem, das sich vor ihr wie ein Berg erhebt, aus ihrem Leben verschwindet.
Es geht darum, was du bekennst. Jesus hat gesagt: "Wenn ihr auch zu diesem Berg sagen werdet." Du wirst zu dem Berg sprechen müssen. Hör auf, nur davon zu träumen, das reicht nicht aus.

Sei bestimmt in deinem Bekenntnis

Öffne dich, um das Wort Gottes zu erfassen. Achte auf jedes Wort, denn es hilft dir nicht, nur ein wenig auf Jesus zu hören und dann das zu tun, was du für richtig hältst. Gehorsam Jesus gegenüber versetzt dich in die Lage, alles von Gott zu empfangen, was du willst. Jesus spricht deutlich und Sein Wort ist klar. Es gibt dir die perfekte Anleitung, wie man von Gott empfängt. Sprich zu dem Berg, so wie Jesus es gesagt hat.

Nachdem ich der Frau beigebracht hatte, wie sie ihre Heilung bekennen soll, sagte sie zunächst ein wenig schwächlich: "Krebs, du kannst mich nicht umbringen." Darauf erklärte ich ihr, daß es so nicht funktionieren würde, sondern daß sie mit Bestimmtheit bekennen müsse, so wie Paulus zu dem Gelähmten in Lystra mit lauter Stimme sprach.

Apostelgeschichte 14,10
Stelle dich gerade hin auf dein Füße!

Vielleicht mußt du täglich auf- und abgehen und dabei laut bekennen: "In Jesu Namen, Krebs (oder wie der Berg bei dir heißen mag), du wirst mich niemals umbringen. Ich befehle dir, meinen Körper zu verlassen und aus meinem Leben völlig zu verschwinden, und zwar sofort! Du hast bei mir nichts zu suchen, denn Jesus ist mein Arzt."

Der Name Jesus arbeitet für dich

Bekenne Jesus als deinen Arzt und gestatte dem Teufel nicht, dich davon abzubringen. Halte an deinem Bekenntnis fest, und so wird er dein Arzt sein. Jesus wird für dich der, als den du ihn bekennst, das ist immer so. Er ist das Alpha und das Omega, der Anfang und das Ende (Offenbarung 1,8). Er ändert sich nicht, solange du lebst. Wenn du ihn deinen Sieg nennst, wird er für dich zum Sieg. Jesus ist dein Retter, dein Heiler, dein Wundertäter, dein Arzt, dein Liebhaber. Er ist alles Gute für dich. Er ist der Anfang und das Ende deines Lebens. Er hat den Preis für alles, was dir zusteht, bezahlt. Er wird für dich tatsächlich der, als den du ihn im Glauben bekennst. Sei dir in deinem Herzen immer klar darüber, daß Jesus auf deinen Glauben achtet, wie er es gesagt hat.

> **Matthäus 21,21**
> **Wenn ihr Glauben habt und nicht zweifelt,... wenn ihr auch zu diesem Berg sagen werdet: Hebe dich empor... so wird es geschehen.**

Es wird immer geschehen

Mit der Sekretärin habe ich alles, was hier beschrieben ist, genau so durchgearbeitet. Wir sind es immer und immer wieder durchgegangen, bis ich mir sicher war, daß sie es verstanden hatte. Ich sagte zu ihr: “Liebe Frau, ich werde Sie nicht sterben lassen. Sie möchten jetzt zwar noch lieber sterben, aber das ist sinnlos. Geben Sie mir deshalb einfach Ihre Hand und wir gehen zusammen auf und ab und bekennen.” Wir bekannten und bekannten, und schließlich versprach sie mir, daß sie tun würde, was Jesus gesagt hat und ich warnte sie: “Wenn Sie nicht tun, was Jesus gesagt hat, werden Sie sterben. Haben Sie mich verstanden?” Sie erwiderte: “Ich habe es verstanden”, und sie bekannte und bekannte.

Sie lebt!

Der Herr bewies seine Kraft an ihr und rettete ihr das Leben. Er sorgte dafür, daß sie wieder völlig gesund wurde. Später berichtete sie einmal in einem meiner Gottesdienste von ihrer Heilung. Nachdem ich der Gemeinde kurz den Verlauf ihrer Heilung geschildert hatte, kam sie unter tosendem Beifall nach vorne. Eine vollkommen geheilte Frau stand dort vor uns: der Herr hatte nicht nur ihre Knochen mit neuen Muskeln überzogen, Er hatte ihr auch wieder volles Haar geschenkt. Eine Todeskandidatin, vom Teufel geschlagen, lebte wieder zur Ehre Gottes! Sie erzählte uns, daß sie genau befolgt hätte, was ich sie gelehrt hatte und daß sie jeden Tag, beinahe rund um die Uhr, dem Krebs gesagt hätte, daß er jetzt nach Markus 11,23 restlos mit der Wurzel ausgerissen würde.

Sie las immer und immer wieder die Evangelien und schrieb sich alle Schriftstellen über Heilung auf. Während sie sich am Wort Gottes festhielt und bekannte, daß Er ein sicherer Fels ist und ewig bleibt (Jesaja 40,8), war sie noch immer in einer schlimmen körperlichen Verfassung und der Teufel verfolgte sie mit Gedanken wie: "Der Tod sitzt dir schon in den Knochen, du siehst aus wie ein wandelndes Skelett und außerdem bist du kahl." Sie widerstand ihm, indem sie antwortete: "Teufel, laut Johannes 10,10 ist Jesus gekommen, damit ich Leben habe und es in Überfluß habe und nach 1. Petrus 2,24 bin ich durch seine Striemen geheilt worden!"

Du brauchst nicht zu sterben, sondern du kannst leben! Der Herr, der Heilige Geist, wird das, was du bekennst, in die Realität umsetzen. Bekenne Jesus jeden Tag als den, der dich heilt und halte daran fest, daß die Krankheit dich nicht umbringen kann.
Wenn du täglich den Sieg und die Wirksamkeit des Heiligen Geistes bekennst, wird Er, der sich in verschiedener Weise offenbart und alle möglichen Arten von Kräften besitzt, dir genau die Kraft geben, die du brauchst, um deinen Berg zu überwinden.

Die Dämonen werden nervös

Die Dämonen können mich nicht ausstehen, weil ich ihnen nicht gestatte, Menschenleben einfach auszulöschen. Wenn ich Menschen mit Jesus und dem Wort Gottes in dieser Weise diene, stehen die Dämonen auf. Sie schreien, werfen die Leute zu Boden, häufig schauen sie mich an und sagen: "Ich hasse dich." Solche Dinge geschehen ständig, und bald sind sie so normal wie Zeitung lesen. Nach einer Weile achtet man gar nicht mehr darauf.

Der Sohn eines bekannten Pastors fragte einmal seinen Vater: "Papa, als Bruder Norvel und ich in einem Gottesdienst in Illinois waren, stand plötzlich ein junger Mann auf und fing an zu schreien und das war nicht das erstemal, daß ich so etwas in seinen Versammlungen beobachten konnte. Warum passieren solche Sachen bei ihm im Gottesdienst?" Sein Vater erklärte ihm, daß ich für die Dämonen in diesen Menschen eine Bedrohung sei. Sie würden das spüren und nervös werden. Wenn du an einer unheilbaren Krankheit leidest und im Sterben liegst, ist der Geist, der dich so zugerichtet hat, allein schon deshalb völlig am Ende, weil du dieses Buch liest. Weißt du warum? Weil du kurz vor dem Sieg stehst! Preis sei dem Herrn für immer und ewig!

Kapitel 20

Jesus will dich jetzt heilen

Jesus liebt dich und will dich jetzt heilen, aber noch wichtiger als deine Heilung ist Ihm der Zustand deiner Seele. Das hat Vorrang.

> **Markus 8,36**
> **Denn was nützt es einem Menschen, die ganze Welt zu gewinnen und sein Leben einzubüßen?**

> **Matthäus 5,30**
> **Denn es ist dir besser, daß eins deiner Glieder umkommt und nicht dein ganzer Leib in die Hölle geworfen wird.**

Natürlich will Jesus, daß du einen gesunden Körper hast. Er möchte aber auch, daß du in den Himmel kommst. Aus diesem Grunde mußt du von neuem geboren sein (Johannes 3,5). Deine Seele hat Vorrang vor deiner Heilung.

> **3. Johannes 2**
> **Geliebter, ich wünsche, daß es dir in allem wohlgeht und du gesund bist, wie es deiner Seele wohlgeht.**

Daß du gesund bist, wie es deiner Seele wohlgeht! Auch der Psalmist David hat den Herrn zuerst deshalb gepriesen, weil er alle deine Sünde vergibt und dann dafür, daß er alle deine Krankheiten (Psalm 103,3) heilt. Jesaja spricht von Jesus so:

> **Jesaja 53,5**
> **Doch er war durchbohrt um unserer Vergehen willen, zerschlagen um unserer Sünden willen. Die Strafe lag auf ihm zu unserm Frieden, und durch seine Striemen ist uns Heilung geworden.**

Wenn du Jesus noch nicht als denjenigen kennengelernt hast, der deine Sünden weggewaschen und dich zu einer neuen

Schöpfung gemacht hat, dann lerne ihn heute, gleich jetzt, kennen (2. Korinther 5,17).

> **Römer 10,9**
> **Wenn du mit deinem Mund Jesus als Herrn bekennen und in deinem Herzen glauben wirst, daß Gott ihn aus den Toten auferweckt hat, wirst du errettet werden.**

Bete folgendes Gebet:
Jesus, komm als Herr und Retter meines Lebens in mein Herz, Danke, daß Du mir alle meine Sünden vergibst. Ich bin jetzt in Dir eine neue Schöpfung gemäß Deinem Wort. Du hältst, was Du versprochen hast, wenn ich Dich darum bitte. Danke, Jesus!
Jetzt bist du ein Kind Gottes, und wenn du Heilung brauchst, kannst du im Namen Jesus zum Vater kommen und deine Heilung in Anspruch nehmen. Du mußt nicht sterben, sondern du kannst leben! Du kannst zu Bergen sprechen und in Jesus ein siegreiches Leben führen!

Folgende Bücher sind bisher im Aufbruch-Verlag erschienen:

Wolfhard Margies:

Überwältigt von der Güte Gottes 48 Seiten	5,- DM
Über den Umgang mit einem besiegten Feind 48 Seiten	5,- DM
Glaube, der Wunder wirkt 113 Seiten	13,- DM
Das Erbe der Erwachsenen 82 Seiten	9,- DM
Gnade 112 Seiten	9,- DM
Eine vollkommene Erlösung 208 Seiten	17,- DM
Das Kreuz der Gesegneten 98 Seiten	9,- DM
Lust am Herrn 208 Seiten	12,- DM
Erkennen, Glauben, Bekennen 463 Seiten	22,- DM
Sein Reich und meine Veränderung 110 Seiten	15,- DM

Hartwig Henkel:

Grundlagen des biblischen Lebensstils 66 Seiten	8,.- DM

Hartwig Henkel und Wolfhard Margies:

Der Aufstand der Beter 112 Seiten	15,- DM

Norvel Hayes:

Dein Weg zur Heilung 99 Seiten	12,- DM